INVENTAIRE
Ye 35.300

ARS POETICA
N. BOLOEI.
--
1822.

ARS POETICA

N. BOLOEI,

IN VERSUS LATINOS CONVERSA.

CHEZ LE MÊME LIBRAIRE.

Télémaque (Aventures de), traduites en vers latins, par M. Viel, ex-Oratorien, *seconde édition, revue et corrigée par l'Auteur, Paris*, gros vol. *in-12*, papier fin, 24 fig. et portrait de Fénélon.

Henriade (la) de Voltaire, *en vers latins*, avec l'original en regard, *Paris, in-12.*

Poëme de la Religion, traduit en vers latins, avec le *texte français* en regard, *in-12, Paris.*

Poemata Didascalica, primùm vel edita, vel collecta studiis Fr. Oudin, *in ordinem digesta et emendata à Josepho Oliveto. Secunda editio,* 3 gros vol. *in-12*, papier fin, *Paris.*

Lebeau (D. Car.) Opera Latina; Carmina nempè, Fabulæ, Amplificationes, Orationes, Oratiunculæ, etc. editio secunda, cui accessit novum Supplementum varia continens Argumenta nondùm edita. Paris, 3 *gros vol.* in-8°, *d'environ* 1200 *pages.*

Miscellanea latino-gallica, renfermant l'Art Poétique d'Horace; le huitième chant de la Henriade; Voyage à la Grande Chartreuse, précédé de quelques Lettres au Traducteur; le Philosophe solitaire au berceau du Dauphin, fils de Louis XVI; Aviarium, Oratiuncula; par M. Et. B. Viel, ex-oratorien, auteur du Télémaque en vers latins, *Paris, in-12.*

ARS POETICA

N. BOLOEI,

IN VERSUS LATINOS CONVERSA,

AUCTORE J.-J. LAVAL,

IN COLLEGIO JULIACENSI, RHETORICÆ PROFESSORE.

PARISIIS,

EX TYPIS AUGUSTI DELALAIN,

BIBLIOPOLÆ, viâ Mathurinensium, n° 5.

1822.

Toute contrefaçon de cet ouvrage sera poursuivie conformément aux lois.

Toutes mes éditions sont revêtues de ma griffe.

August Delalain

AD COMITEM ARTESIÆ,

FRATREM REGIS.

ANTE tuum sistit, PRINCEPS AUGUSTE, tribunal
Fœtus Musa suos, latiali in veste Bolœum,
Dictantem nostro doctissima carmina Pindo,
Nocturnâ versanda *manu*, versanda *diurnâ*.
Nulla mora: ut vates *præceptis* pectus *amicis*
Formati, majore petunt Helicona volatu!
Nunc lepidos acuunt mordaci Epigrammate ludos,
Nunc rabies Satyræ lacrymoso armatur iambo;
Aut gemit exiguos mœrens Elegeia versus;
Aut leviora canunt festas Idyllia luces,
Et pagum, et dignas trabeato consule silvas.
Hic brevium spatio metrorum inclusus iniquo,
Difficiles nugas, studet absolvisse *Sonetum*;
Dùm magno per Epos vastam movet ordine molem
Alter, et *ob patriam pugnando vulnera* passos
Intonat heroas, regesque, *et tristia bella*.
Ille autem sapiens imitator et urbis, et aulæ,
Respicit *exemplar vitæ*, salibusque malignis
Comica *ridendo castigat* fabula *mores*.
Ille Sophocleis evinctus crura cothurnis,

Magnificæ ante oculos pandit miracula scenæ,
Ausonidas, Danaosque, et prædam *immitis Achillei*
Hectora : nunc ausus *celebrare domestica facta*,
Egregios memorat bello, nec pace minores
Francigenas, recolitque viros, *moresque manusque:*
Dives materiæ, *non inferiora secutus.*

   Quem verò doctâ feliciter arte vagantem
Excipit auctorem *domus omnipotentis Olympi?*
Hic vir, hic est, quem vectum Odæ sublimibus alis
Colloquio Superi non dedignantur amico.
Hic dicit pugiles, *et equum certamine primum*,
Mensarumque jocos, risusque, agilesque choreas:
Illic recinit *fidibus Divos, puerosque Deorum*,
Aut patriæ in portus, multâ plaudente catervâ,
BORBONIDUM lætos reditus, Regemque receptum,
Sanguineos placidâ solatum pace triumphos,
Quem desiderii tandem sua Gallia compos
Miratur sanctis fundantem legibus urbes;
Aut celebrat te, parve puer, *cœlestia dona*,
Qui blandâ *spe* tollis *avos*, viduamque parentem,
Quo se nostra olim jactabunt Lilia Rege,
Quem studiis Europa suum gratatur alumnum.

   Hæc præcepta tulit *sacer interpresque* Bolœus
Musarum : hos libros manifesti in luminis auras
Edidit, ornatos præsenti nomine MAGNI,

Undè *recens* longum florebit *laude* per ævum.
Ast ego, qui, timidus sacræ tirunculus artis,
Audeo ferre tibi exiguæ tentamina venæ,
Alme pater, quem blanda Charis decoravit honestis
Dotibus, ingeniumque dedit, risumque decentem,
Necnon et veri sincero pectore Galli
Ingenuos mores, egeo tutoribus istis,
Undè queant *recto* mea stare poemata *talo*.
Magnamine ô Princeps, *unum super omnia dona*
Te posco : mihi nec laudes, nec præmia desint,
Si mea Musa tuum præscribat, CAROLE, nomen.

ARS POETICA

N. BOLOEI,

IN VERSUS LATINOS CONVERSA.

L'ART POÉTIQUE.

CHANT PREMIER.

C'est en vain qu'au Parnasse un téméraire auteur
Pense de l'art des vers atteindre la hauteur.
S'il ne sent point du ciel l'influence secrète,
Si son astre en naissant ne l'a formé poëte,
Dans son génie étroit il est toujours captif,
Pour lui Phébus est sourd, et Pégase est rétif.

O vous donc, qui brûlant d'une ardeur périlleuse,
Courez du bel esprit la carrière épineuse,
N'allez pas sur des vers sans fruit vous consumer,
Ni prendre pour génie un amour de rimer.
Craignez d'un vain plaisir les trompeuses amorces,
Et consultez long-temps votre esprit et vos forces.

La nature fertile en esprits excellens,
Sait entre les auteurs partager les talens.
L'un peut tracer en vers une amoureuse flamme :
L'autre d'un trait plaisant aiguiser l'épigramme.
Malherbe d'un héros peut vanter les exploits;
Racan chanter Phyllis, les bergers et les bois.

ARS POETICA.

LIBER PRIMUS.

Nititur incassùm Parnassi ad culmina scriptor,
Affectare audax divinam carminis artem.
Qui nisi natali vates instinctus ab astro,
Pectore secreto penitùs nutriverit ignem
Æthereum, gemit ingenio conclusus iniquo.
Olli nec præsens Phœbus, nec Pegasus ales.

  Vos ergò, juvenes, dubiæ quos gloria palmæ
Cœca rapit docti per mille pericula campi,
Parcite metrorum studio impallescere inani;
Neu sit pro Musis Musarum insana cupido.
Fallaces fugite illecebras: *Quid ferre recusent,*
Quid valeant humeri, longâ perpendite curâ.

  Natura, ingeniis non infœcunda creandis,
Quos fovet, egregiis auctores dotibus ornat,
Quemque suis. Alius teneros *suspirat amores;*
Ille acuit salibus mordax epigramma facetis;
Dicere non impar ingentia facta Malherbus
Heroum; Racanus silvas, et Phyllida cantat.

Mais souvent un esprit qui se flatte et qui s'aime,
Méconnaît son génie, et s'ignore soi-même :
Ainsi, tel autrefois, qu'on vit avec Faret
Charbonner de ses vers les murs d'un cabaret,
S'en va mal à propos, d'une voix insolente,
Chanter du peuple hébreu la fuite triomphante ;
Et, poursuivant Moïse au travers des déserts,
Court avec Pharaon se noyer dans les mers.

 Quelque sujet qu'on traite, ou plaisant, ou sublime,
Que toujours le bon sens s'accorde avec la rime.
L'un l'autre vainement ils semblent se haïr :
La rime est une esclave, et ne doit qu'obéir.
Lorsqu'à la bien chercher d'abord on s'évertue,
L'esprit à la trouver aisément s'habitue.
Au joug de la raison sans peine elle fléchit,
Et loin de la gêner la sert et l'enrichit.
Mais lorsqu'on la néglige, elle devient rebelle ;
Et pour la rattraper, le sens court après elle.
Aimez donc la raison : que toujours vos écrits
Empruntent d'elle seule et leur lustre et leur prix.

 La plupart emportés d'une fougue insensée,
Toujours loin du droit sens vont chercher leur pensée.
Ils croiraient s'abaisser dans leurs vers monstrueux,
S'ils pensaient ce qu'un autre a pu penser comme eux.
Évitons ces excès : laissons à l'Italie
De tous ces faux brillans l'éclatante folie.
Tout doit tendre au bon sens : mais pour y parvenir,
Le chemin est glissant, et pénible à tenir.

Ast ità sæpè sibi blanditur, amansque suorum est
Scriptor, ut ignoret quàm non sit *divite venâ;*
Haud illo absimilis, qui, compotore Fareto,
Assuetus *carbone rudi* maculare popinas,
Nunc tonat insanâ fugientûm voce triumphos
Isacidûm, Mosemque sequens per sola locorum,
Cum rege ipse ruit medium immergendus in æquor.

 Seu faciles ludos, seu seria dicere mavis,
Consonet usque tuo, vates, sapientia *rhythmo:*
Nequicquam fronti frontem opposuisse videntur:
Servitio natus, dominæ famuletur oportet
Rhythmus. Ubi primùm hunc multâ perquirere curâ
Assuêris, sese feret obvius ipse, jugumque
Suscipiet, nedùmque moras adjecerit, indè
Ornatus et opes melior sapientia ducet.
At si desieris *rhythmum* indagare, resistit;
Indocilem ut revoces, cursu malesanus anhelo
Persequeris. Labor hic primus, sapuisse memento;
Hinc tantùm quæratur honos, hinc gratia scriptis.
 Maxima pars vatum, mentis cœco impete rapti,
Ut sensum accersant, deflectunt tramite recto.
Ipsis sorderent miseræ sua monstra poesis,
Si quid communis redoleret fortè camœna
Judicii. Vano hoc Italûm gens turgida fastu
(Nè Galli invideant) præclarè insaniat. Omnes
Debemur recto; sed scabra et iniqua teneri
Est via legitimam conanti accedere metam.

Pour peu qu'on s'en écarte, aussitôt on se noie.
La raison pour marcher n'a souvent qu'une voie.

Un auteur quelquefois trop plein de son objet,
Jamais sans l'épuiser n'abandonne un sujet.
S'il rencontre un palais, il m'en dépeint la face :
Il me promène après de terrasse en terrasse;
Ici s'offre un perron; là règne un corridor;
Là ce balcon s'enferme en un balustre d'or.
Il compte des plafonds les ronds et les ovales;
Ce ne sont que festons, ce ne sont qu'astragales.
Je saute vingt feuillets pour en trouver la fin,
Et je me sauve à peine au travers du jardin.
Fuyez de ces auteurs l'abondance stérile;
Et ne vous chargez point d'un détail inutile.
Tout'ce qu'on dit de trop est fade et rebutant;
L'esprit rassasié le rejette à l'instant.
Qui ne sait se borner, ne sut jamais écrire.

Souvent la peur d'un mal nous conduit dans un pire :
Un vers était trop faible, et vous le rendez dur :
J'évite d'être long, et je deviens obscur :
L'un n'est point trop fardé; mais sa muse est trop nue :
L'autre a peur de ramper; il se perd dans la nue.

Voulez-vous du public mériter les amours?
Sans cesse en écrivant variez vos discours.
Un style trop égal, et toujours uniforme
En vain brille à nos yeux; il faut qu'il nous endorme.
On lit peu ces auteurs, nés pour nous ennuyer,
Qui toujours sur un ton semblent psalmodier.

Decidit in præceps, si quis diversus aberrat.
Unica non raro sapientem semita ducit.

   Sæpè fit ut lectâ vates re plenior æquo
Non, nisi cùm penitùs fuerint exhausta, relinquat
Argumenta. Offert cùm se mihi regia, frontem
Describit; plano circumjacet aggere moles;
Prominet hinc podium; spatiosior indè patescit
Porticus; hæc aureis vallatur pergula clathris.
Adduntur laqueari orbes, adduntur ovata;
Passim est astralagos, encarpos cernere passim.
Præteritis centum foliis, attingere finem
Quærenti vix per medium *datur exitus* hortum.
Hæc nobis fugienda mali jejuna poetæ
Ubertas; ne luxu unquam tumeamus inani.
Omne supervacuum, quod inertia tædia gignit
Lectori, citiùs *pleno de pectore manat.*
Nemo scribendi, violato limite, felix.

   In vitium ducit culpæ fuga sæpè priori
Deterius vitio: defecit carmina nervus,
Correctis subit asperitas; *brevis esse laboro,*
Obscurus fio; nubes et inania captat
Serpere humi timidus; cultu caret inscia fuci
Musa tibi. Studiis ut te dignemur amicis,
Vivos usque *operum* cura variare *colores.*
Eniteant uno *deducta poemata filo*
Quantumvis; oculos cogunt languescere somno.
Odi scriptores, qui, nostra ad tædia nati,
Uno iterant modulo tristes sine fine querelas.

Heureux qui, dans ses vers, sait d'une voix légère,
Passer du grave au doux, du plaisant au sévère!
Son livre aimé du ciel et chéri des lecteurs,
Est souvent chez Barbin entouré d'acheteurs.

Quoi que vous écriviez, évitez la bassesse;
Le style le moins noble a pourtant sa noblesse.
Au mépris du bon sens le burlesque effronté
Trompa les yeux d'abord, plut par sa nouveauté.
On ne vit plus en vers que pointes triviales;
Le Parnasse parla le langage des halles :
La licence à rimer alors n'eut plus de frein;
Apollon travesti devint un Tabarin.
Cette contagion infecta les provinces,
Du clerc et du bourgeois passa jusques aux princes :
Le plus mauvais plaisant eut ses approbateurs;
Et, jusqu'à d'Assouci tout trouva des lecteurs.
Mais de ce style enfin la cour désabusée,
Dédaigna de ces vers l'extravagance aisée,
Distingua le naïf du plat et du bouffon,
Et laissa la province admirer le Typhon.
Que ce style jamais ne souille votre ouvrage.
Imitons de Marot l'élégant badinage,
Et laissons le burlesque aux plaisans du Pont-Neuf.

Mais n'allez point aussi sur les pas de Brébeuf,
Même en une Pharsale, entasser sur les rives
De morts et de mourans cent montagnes plaintives.
Prenez mieux votre ton : soyez simple avec art,
Sublime sans orgueil, agréable sans fard.

Felix ante alios, facili qui munere vocis
Permutat lepidumve gravi, mollive severum;
Carmen amor superûm, lectoris blanda voluptas;
Barbinumque frequens auro circumfluit emptor.

Quidquid suscipies, ne vilibus utere verbis,
Si qua juvat Musam vel nobilitate carentem
Nobilitas. Animos insania mimica primùm,
Recti contemptrix, *gratâ novitate* fefellit.
Cùm nil spiraret pravè nisi versus acutum,
Pindus *in obscuras humili sermone tabernas*
Migravit; laxis bacchata licentia frenis,
Scurrilique joco populum captavit Apollo
Degener. Imperii latè grassata per urbes,
Ceperat ut plebem, hæc proceres contagio cepit:
Stultus adulator balatronem excepit amicis
Plausibus; Assuetio lector nec defuit ipsi.
Sed turpis tandem sublato errore poesis,
Cœpta procax facilis sordere insania ludi;
Doctus *inurbanum lepido seponere dicto*,
Aulicus agricolis dedit exsultare Typhæo.
Ne chartis hoc triste tuis ridendus inuras
Dedecus; urbanè Marotum imitare jocantem,
Ac triviis insulsa crepent dicteria mimi.

Ne, duce Brebovio, tumidus Pharsalidos auctor,
Ad fœda accumules gemebundos littora montes
Cæsorum heroum, crudelique ense cadentûm.
At meliora canas, meditatâ candidus arte :
Fucus læto absit, sublimi carmine fastus.

N'offrez rien au lecteur que ce qui peut lui plaire.
Ayez pour la cadence une oreille sévère :
Que toujours dans vos vers le sens coupant les mots,
Suspende l'hémistiche, en marque le repos.
 Gardez qu'une voyelle à courir trop hâtée,
Ne soit d'une voyelle en son chemin heurtée.
 Il est un heureux choix de mots harmonieux.
Fuyez des mauvais sons le concours odieux :
Le vers le mieux rempli, la plus noble pensée,
Ne peut plaire à l'esprit, quand l'oreille est blessée.
 Durant les premiers ans du Parnasse français,
Le caprice tout seul faisait toutes les lois.
La rime, au bout des mots assemblés sans mesure,
Tenait lieu d'ornemens, de nombre et de césure.
Villon sut le premier, dans ces siècles grossiers,
Débrouiller l'art confus de nos vieux romanciers.
Marot bientôt après fit fleurir les Ballades,
Tourna des Triolets, rima des Mascarades,
A des refrains réglés asservit les Rondeaux,
Et montra pour rimer des chemins tout nouveaux.
Ronsard, qui le suivit, par une autre méthode,
Réglant tout, brouilla tout, fit un art à sa mode,
Et toutefois long-temps eut un heureux destin.
Mais sa Muse en français parlant grec et latin,
Vit, dans l'âge suivant, par un retour grotesque,
Tomber de ses grands mots le faste pédantesque.
Ce poëte orgueilleux, trébuché de si haut,
Rendit plus retenus Desportes et Bertaut.

Tu nil lectori, gratum nisi consonet, affer,
Aure modum librans iterùmque iterùmque severâ :
Secta bipartitis semper sententia verbis
Sustineat versum medio sub fine morantem.

Ne tua procursu vocalis rapta volucri
Adversam scabro vocalem offendat hiatu.

Sunt voces numero suavi, quas elige, duro
Aspera conflictu fugisse vocabula prudens.
Carmina plena sonent : grandis sententia nunquam
Mentibus arridet, si quid malè verberat aurem.

Cùm rudis esset adhuc primis Parnassus in annis
Gallicus, una dabat leges arbitra libido.
Tùm verbis nullo constantibus ordine, *rhythmus*
Cæsuræ numerique vicem, formæque gerebat.
Barbara dùm tenebris horrerent sæcula, Villo
Discussit vatum deliramenta priorum.
Olli successit *Balladæ* splendidus auctor
Marotus, *Triolosque* effinxit, et Orgia *rhythmo*
Duxit, et astrictum versu redeunte coegit
Rondæum, insuetos ausus recludere calles.
Post hunc Ronsardus, non numine censor eodem,
Omnia dùm vertit, corrupit Apollinis artem
Arte suâ, fatisque diù felicibus usus.
Sed cùm romano, cùm graio funderet ore
Gallica Musa sonos, ubi se nova protulit ætas,
O deridendus fortunæ ludus! inanes
Ampullæ cecidêre, ac *sesquipedalia verba*.
Portæus prudens, prudens Bertaltus ab illo,
Ut lapsum à summo viderunt culmine vatem.

Enfin Malherbe vint, et, le premier en France,
Fit sentir dans les vers une juste cadence,
D'un mot mis en sa place enseigna le pouvoir,
Et réduisit la Muse aux règles du devoir.
Par ce sage écrivain la langue réparée
N'offrit plus rien de rude à l'oreille épurée.
Les stances avec grâce apprirent à tomber,
Et le vers sur le vers n'osa plus enjamber.
L'on reconnut ses lois; et ce guide fidèle
Aux auteurs de ce temps sert encor de modèle.
Marchez donc sur ses pas; aimez sa pureté,
Et de son tour heureux imitez la clarté.
Si le sens de vos vers tarde à se faire entendre,
Mon esprit aussitôt commence à se détendre;
Et, de vos vains discours prompt à se détacher,
Ne suit point un auteur qu'il faut toujours chercher.

Il est certains esprits dont les sombres pensées
Sont d'un nuage épais toujours embarrassées;
Le jour de la raison ne le saurait percer.
Avant donc que d'écrire, apprenez à penser.
Selon que notre idée est plus ou moins obscure,
L'expression la suit, ou moins nette, ou plus pure :
Ce que l'on conçoit bien, s'énonce clairement,
Et les mots pour le dire arrivent aisément.

Surtout qu'en vos écrits la langue révérée
Dans vos plus grands excès vous soit toujours sacrée.
En vain vous me frappez d'un son mélodieux,
Si le terme est impropre, ou le tour vicieux.

Tandem Francigenæ magno applausêre Malherbo.
Ille prior justo modulatus pectine carmen,
Quid valeat vox ritè loco commissa tuendo
Edocuit, Musamque injunctâ lege repressit.
Sermone, ut sani reparavit cura magistri,
Abfuit asperitas, quæ puram læderet aurem.
Clausula recta strophen scitè compressit euntem,
Nec casu versus versum usurpavit iniquo.
Publica lex viguit : Gallis præcepta secutis,
Illo nostra ætas sese rectore tuetur.
Tantum ergò sequere exemplar, candoris amator;
Te felix genus eloquii, te *lucidus ordo*
Arguat egregium scriptorem. Quid sibi poscant
Carmina ni primùm videam, mora nulla, remitto
Deficientem animum; neque, cœcâ ambage solutus,
Abstrusum latebris auctorem agitare laboro.

Nonnulla interdùm densâ nox obruit umbrâ
Ingenia, ut nequeat ratio dispellere nubem.
Non ergò, ni parta priùs sententia, scribas.
Purum pura refert, obscurum obscura vicissim
Dictio : quæ fuerint animo concepta potenter,
Fando luce nitent, nec verba *invita sequentur.*

Scilicet excussâ si quandò lege vagamur,
Nos sacræ imprimis teneat reverentia linguæ.
Quid captare aurem numeri dulcedine tentat
Aut mendosa phrasis, minimève decentia verba ?

Mon esprit n'admet point un pompeux barbarisme ;
Ni d'un vers ampoulé l'orgueilleux solécisme.
Sans la langue, en un mot, l'auteur le plus divin
Est toujours, quoi qu'il fasse, un méchant écrivain.

Travaillez à loisir, quelqu'ordre qui vous presse,
Et ne vous piquez point d'une folle vitesse :
Un style si rapide, et qui court en rimant,
Marque moins trop d'esprit, que peu de jugement.
J'aime mieux un ruisseau, qui, sur la molle arène,
Dans un pré plein de fleurs lentement se promène ;
Qu'un torrent débordé, qui, d'un cours orageux,
Roule, plein de gravier, sur un terrain fangeux.
Hâtez-vous lentement ; et, sans perdre courage,
Vingt fois sur le métier remettez votre ouvrage :
Polissez-le sans cesse, et le repolissez ;
Ajoutez quelquefois, et souvent effacez.

C'est peu qu'en un ouvrage, où les fautes fourmillent,
Des traits d'esprit semés de temps en temps pétillent :
Il faut que chaque chose y soit mise en son lieu ;
Que le début, la fin répondent au milieu ;
Que d'un art délicat les pièces assorties
N'y forment qu'un seul tout de diverses parties ;
Que jamais du sujet le discours s'écartant
N'aille chercher trop loin quelque mot éclatant.

Craignez-vous pour vos vers la censure publique ?
Soyez-vous à vous-même un sévère critique :
L'ignorance toujours est prête à s'admirer.
Faites-vous des amis prompts à vous censurer ;

Barbara vox sordet pompa ambitiosa, sonisque
Sperno solœcismum sublimibus ampullantem.
Sit vati *ingenium*, sit *mens divinior :* illum
Annumerabo malis, linguâ peccante, poetis.

Te quanquam increpitant jussa imperiosa potentûm,
Adde moram scriptis, non insano impete raptus :
Qui sic tot numeros cursim deducere gaudet,
Judicii vitio hic potiùs, quàm divite præstat
Ingenio. Rivus lentis it gratior undis,
Dùm lætos flores molli fœcundat arenâ,
Quàm qui præcipites, violentior aggere victo,
Volvit aquas torrens, lutulento turbidus æstu.
Festina lentè, studioque animosior ipso
Ne dubita *deciès incudi reddere versus*,
Quos tractes iterùm poliens, iterùmque retractes;
Adjice pauca operi, plures infige lituras.

Non satis est, scateant si fœda poemata mendis,
Interdùm igniculis mentes percellere nostras :
Singula quæque locum teneant sortita decenter;
Primo ne medium, medio ne discrepet imum;
Sic membrum membro respondeat, arte magistrâ,
Ut corpus coeat diversis partibus unum;
Nec speciosa velis aliundè accersere verba,
Propositæ servare rei vestigia constans.

Censuramne times? *animum censoris honesti*
Ipse tibi sumas : jam se venerabitur ultrò
Indoctus. Legito, qui te reprehendat, amicum;
Delictisque viro Musæ peccantis iniquo

Qu'ils soient de vos écrits les confidens sincères,
Et de tous vos défauts les zélés adversaires :
Dépouillez devant eux l'arrogance d'auteur ;
Mais sachez de l'ami discerner le flatteur.
Tel vous semble applaudir, qui vous raille et vous joue.
Aimez qu'on vous conseille, et non pas qu'on vous loue.

   Un flatteur aussitôt cherche à se récrier ;
Chaque vers qu'il entend le fait extasier.
Tout est charmant, divin ; aucun mot ne le blesse ;
Il trépigne de joie, il pleure de tendresse ;
Il vous comble partout d'éloges fastueux.
La vérité n'a point cet air impétueux.

   Un sage ami toujours rigoureux, inflexible,
Sur vos fautes jamais ne vous laisse paisible :
Il ne pardonne point les endroits négligés ;
Il renvoie en leur lieu les vers mal arrangés ;
Il réprime des mots l'ambitieuse emphase ;
Ici le sens le choque, et plus loin c'est la phrase :
Votre construction semble un peu s'obscurcir :
Ce terme est équivoque ; il le faut éclaircir.
C'est ainsi que vous parle un ami véritable.
Mais souvent sur ses vers un auteur intraitable,
A les protéger tous se croit intéressé,
Et d'abord prend en main le droit de l'offensé.
De ce vers, direz-vous, l'expression est basse :
Ah ! monsieur, pour ce vers, je vous demande grâce,
Répondra-t-il d'abord. Ce mot me semble froid,
Je le retrancherais. C'est le plus bel endroit.

Credere ne dubites tua carmina, et ipse superbi
Grande supercilium auctoris posuisse memento,
Noscere mendacem verumque beatus amicum.
Sæpè tibi plaudunt *animi sub vulpe latentes.*
Consilii cupidus, ne laudis inania captes.

Pendet adulantis stupor obsequiosus ab omni
Versiculo; qui, vix recitas: *pulchrè, benè, rectè;*
Illum quæque beat divini syllaba cantûs;
Tundit humum pedibus lætis, etiam ora madescunt
Rore pio; astra super te plenis laudibus effert.
Non sic sincero laudator corde *movetur.*
Vir bonus et prudens mendosa poemata culpat
Indocilis flecti: *versus* reprehendit *inertes,*
Restituitque loco pravè digesta decenti;
Hinc sensum, indè phrasim notat; *ambitiosa* recidit
Ornamenta; parùm claris tibi structa figuris
Arguit; *ambiguè dictum* lucere jubetur.
His verus te consiliis emendat amicus.
Cuncta autem impatiens tractari sæpiùs auctor
Carmina defendit (*magnum quod dedecus* ipsi,
Ni faciat) primùmque suo pro jure tuetur
Offensi partes. Hic est sine pondere versus:
Huic, bone, parce, precor. Verbum hoc frigere videtur,
Nec delere negem. Locus hic verè aureus. Illa,
Offendit me forma styli. Mirabilis omnes

Ce tour ne me plaît pas. Tout le monde l'admire.
Ainsi toujours constant à ne se point dédire,
Qu'un mot dans son ouvrage ait paru vous blesser,
C'est un titre chez lui pour ne point l'effacer.
Cependant, à l'entendre, il chérit la critique :
Vous avez sur ses vers un pouvoir despotique.
Mais tout ce beau discours dont il vient vous flatter,
N'est rien qu'un piége adroit pour vous les réciter.
Aussitôt il vous quitte, et, content de sa Muse,
S'en va chercher ailleurs quelque fat qu'il abuse :
Car souvent il en trouve. Ainsi qu'en sots auteurs
Notre siècle est fertile en sots admirateurs ;
Et, sans ceux que fournit la ville et la province,
Il en est chez le duc, il en est chez le prince.
L'ouvrage le plus plat a, chez les courtisans,
De tout temps rencontré de zélés partisans ;
Et, pour finir enfin par un trait de satire,
Un sot trouve toujours un plus sot qui l'admire.

Delectat. Sic usque tenax nil vertere culpas,
Si qua tuæ in libro malè vocula consonat auri,
Arrogat hoc ipsum vates, ne vocula cedat.
Ipse tamen, si vera fides, amplexus amore
Censuram, arbitrium jubet exercere superbum.
Sed te blanditiis, astuque irretit amico,
Si qua tibi dexter recitare poemata possit.
Jam fugit, et, Musæ felici fraude beatus,
Venatur, quibus illudat captator, ineptos :
Nam multi occurrunt. Stultè hæc mirantibus ætas
Affluit, ut stultè scribentibus; ecce redundat
Pluribus insanis provincia, pluribus urbes;
Dux princepsque fovent stolidos : non indiget aula,
Qui multâ tutentur opus miserabile curâ;
Ut rem concludam mordaci scommate nostram :
Stultior applausu stultum beat usque secundo.

CHANT SECOND.

Telle qu'une bergère, au plus beau jour de fête,
De superbes rubis ne charge point sa tête,
Et, sans mêler à l'or l'éclat des diamans,
Cueille en un champ voisin ses plus beaux ornemens;
Telle, aimable en son air, mais humble dans son style,
Doit éclater sans pompe une élégante Idylle.
Son ton simple et naïf n'a rien de fastueux,
Et n'aime point l'orgueil d'un vers présomptueux.
Il faut que sa douceur flatte, chatouille, éveille,
Et jamais de grands mots, n'épouvante l'oreille.

   Mais souvent dans ce style un rimeur aux abois
Jette là de dépit la flûte et le hautbois;
Et, follement pompeux, dans sa verve indiscrète,
Au milieu d'une églogue entonne la trompette.
De peur de l'écouter, Pan fuit dans les roseaux,
Et les nymphes d'effroi se cachent sous les eaux.

   Au contraire, cet autre, abject en son langage,
Fait parler ses bergers comme on parle au village.
Ses vers plats et grossiers, dépouillés d'agrément,
Toujours baisent la terre, et rampent tristement.
On dirait que Ronsard, sur ses *pipeaux rustiques*,
Vient encor fredonner ses Idylles gothiques,
Et changer, sans respect de l'oreille et du son,
Lycidas en Pierrot, et Phyllis en Toinon.

LIBER SECUNDUS,

Qualis, cùm redeunt festæ solemnia lucis,
Non redimit frontem sibi rustica virgo smaragdis,
Nec stellanti auro, nec vivâ fulgida gemmâ,
Vicinis ab agris ornatus quærit inemptos:
Talia posthabito florent Idyllia fastu,
Leni pura stylo, facili ridentia formâ.
Simplicibus sincera sonis, neque turgida cultu
Regifico, ampullas versûs odêre superbi.
Dulcia titillent animos, et nata movere
Nunquàm terrificent mihi sesquipedalibus aurem
Vocibus. At talis plerùmque poematis auctor
Projicit iratè plectrum, tenuemque cicutam,
Infelix studii, ac tumido malè percitus æstro,
Dùm modulatur oves, Martis magna intonat arma.
Scriptorem exosus, latebras in arundine densâ
Pan repetit, trepidæque latent sub gurgite Nymphæ.
 Contrà autem quidam sermonum abjecta secutus,
Inducit medio ructantem agrestia pago
Pastorem. Indecores nimirùm gratia versus
Destituit, fœdo qui verrunt agmine terram.
Stridentes iterùm calamos *disperdere* credas
Ronsardum, gothico renovantem Idyllia cantu;
Quo jus legitimum violante aurisque sonique,
Pro Lycidâ Petrolus, pro Phyllide Tonia habetur.

Entre ces deux excès la route est difficile.
Suivez pour la trouver Théocrite et Virgile :
Que leurs tendres écrits, par les Grâces dictés,
Ne quittent point vos mains, jour et nuit feuilletés.
Seuls, dans leurs doctes vers, ils pourront vous apprendre
Par quel art sans bassesse un auteur peut descendre ;
Chanter Flore, les champs, Pomone, les vergers ;
Au combat de la flûte animer deux bergers ;
Des plaisirs de l'amour vanter la douce amorce ;
Changer Narcisse en fleur, couvrir Daphné d'écorce ;
Et par quel art encor l'Eglogue quelquefois
Rend dignes d'un consul la campagne et les bois.
Telle est de ce poëme et la force, et la grâce.

D'un ton un peu plus haut, mais pourtant sans audace,
La plaintive Élégie, en longs habits de deuil,
Sait, les cheveux épars, gémir sur un cercueil.
Elle peint des amans la joie et la tristesse,
Flatte, menace, irrite, apaise une maîtresse :
Mais, pour bien exprimer ses caprices heureux,
C'est peu d'être poëte, il faut être amoureux.

Je hais ces vains auteurs, dont la muse forcée
M'entretient de ses feux toujours froide et glacée ;
Qui s'affligent par art, et, fous de sens rassis,
S'érigent, pour rimer, en amoureux transis.
Leurs transports les plus doux ne sont que phrases vaines ;
Ils ne savent jamais que se charger de chaînes ;
Que bénir leur martyre, adorer leur prison,
Et faire quereller les sens et la raison.

Difficile ingressis scopulos spatium inter utrosque
Adsit Virgilius, felixque Theocritus adsit :
Scripta virûm, tenero charitum benè tincta lepore,
Nocturnâ versate manu, versate diurnâ.
Non tantùm datur ex aliis didicisse magistris
Quo leviora modo, salvâ gravitate, canamus,
Ruraque, Pomonamque, et Floram, et læta vireta;
Quo vocet ad pugnam pastores tibia, queisve
Nos capiat Venus illecebris; qui vertere mollem
Narcissum in florem, aut castam circumdare Daphnen
Cortice conveniat: quâ non semel accidat arte
Ut campi, ut magno *silvæ sint consule dignæ*,
Hæc vis, hæc talem commendat gratia Musam.

    Altiùs ore sonat paulò, nunquàm attamen audax,
Muto dùm sidit monumenti Elegeia saxo,
Pullâ veste fluens, sparsis gemebunda capillis.
Illa refert *juvenum curas*, et gaudia, duris
Illa minis dominam irritat, blanditaque mulcet.
At teneras quicumque vices simulare studebit,
Cùm valet ingenio, paphiis et pectora flammis
Ardeat. Hunc odi, ficto qui frigidus æstu,
Perpetuis recitat tepidos sermonibus ignes.
Arte gemit sterili, ac *sedato corde* furentem
Cogit ineptus amor capto languescere plectro.
Dulcia delirat? versus effutit inanes;
Semper adorati felix aurata subire
Vincula servitii, dilecto carcere gaudet;
Adversosque rapit rationi in prælia sensus.

Ce n'était pas jadis sur ce ton ridicule
Qu'Amour dictait les vers que soupirait Tibulle ;
Ou que du tendre Ovide animant les doux sons,
Il donnait de son art les charmantes leçons.
Il faut que le cœur seul parle dans l'Élégie.

L'Ode, avec plus d'éclat et non moins d'énergie,
Élevant jusqu'au ciel son vol ambitieux,
Entretient dans ses vers commerce avec les dieux.
Aux athlètes dans Pise elle ouvre la barrière,
Chante un vainqueur poudreux au bout de la carrière,
Mène Achille sanglant aux bords du Simoïs,
Ou fait fléchir l'Escaut sous le joug de Louis.
Tantôt, comme une abeille ardente à son ouvrage,
Elle s'en va de fleurs dépouiller le rivage :
Elle peint les festins, les danses et les ris,
Vante un baiser cueilli sur les lèvres d'Iris,
Qui mollement résiste, et, par un doux caprice ;
Quelquefois le refuse, afin qu'on le ravisse.
Son style impétueux souvent marche au hasard :
Chez elle un beau désordre est un effet de l'art.

Loin ces rimeurs craintifs, dont l'esprit flegmatique
Garde dans ses fureurs un ordre didactique ;
Qui, chantant d'un héros les progrès éclatans,
Maigres historiens, suivront l'ordre des temps.
Ils n'osent un moment perdre un sujet de vue :
Pour prendre Dôle, il faut que Lille soit rendue,
Et que leur vers exact, ainsi que Mézeray,
Ait fait déjà tomber les remparts de Courtray.

Non sic ridiculos modulante Tibullus amore
Suspirare sonos, non sic numerosior artis
Præcepta idaliæ solitus describere Naso,
Candida cùm gemeret sincero Elegeia corde.

 Quæ magno magna ore canit, sublimibus alis
Oda petit cœlum, superos affata potentes.
Hæc Pisæo in medium egregios effundit apertis
Carceribus spatium athletas, nigrumque decoro
Ducit ad extremam victorem pulvere metam :
Hæc agit Œacidem Phrygii Simoentis ad undam
Sanguineum, Scaldimve adigit se subdere Magno.
Nunc thyma per multos apis ingeniosa labores
Decerpit, circà florentem fluminis oram.
Dicere docta jocos, mensasque, agilesque choreas,
Nectareum teneræ gaudet libare Neræe
Basiolum indocili blandè; quod sæpè negârit
Sævities facilis, furti studiosa beati.
Non semel elatam temerè rapit impetus Odam,
Quæ viget arte potens, si quandò doctiùs errat.

 Hinc procul, hinc gelido qui vinctus corda timore,
Temperat ardentes *certâ ratione* furores;
Qui, notum celebrans heroa ingentibus ausis,
Segnior historicus, lentis consumitur annis.
Factorum a tractu timidus deflectere, Dolam
Non capit, ante jugo quàm cesserit Insula, quàmve
Mœnia Curtraci Mezeræo justior ipso

Apollon de son feu leur fut toujours avare.

 On dit, à ce propos, qu'un jour ce dieu bizarre,
Voulant pousser à bout tous les rimeurs français,
Inventa du Sonnet les rigoureuses lois;
Voulut qu'en deux quatrains de mesure pareille
La rime avec deux sons frappât huit fois l'oreille :
Et qu'ensuite six vers artistement rangés
Fussent en deux tercets par le sens partagés.
Surtout de ce poëme il bannit la licence :
Lui-même en mesura le nombre et la cadence,
Défendit qu'un vers faible y pût jamais entrer,
Ni qu'un mot déjà mis osât s'y remontrer.
Du reste il l'enrichit d'une beauté suprême :
Un Sonnet sans défaut vaut seul un long poëme.
Mais en vain mille auteurs y pensent arriver,
Et cet heureux Phénix est encore à trouver.
A peine dans Gombaut, Mainard et Malleville,
En peut-on admirer deux ou trois entre mille :
Le reste, aussi peu lu que ceux de Pelletier,
N'a fait de chez Sercy qu'un saut chez l'épicier.
Pour enfermer son sens dans la borne prescrite,
La mesure est toujours trop longue, ou trop petite.

 L'Épigramme, plus libre en son tour plus borné,
N'est souvent qu'un bon mot de deux rimes orné.
Jadis de nos auteurs les pointes ignorées
Furent de l'Italie en nos vers attirées.
Le vulgaire, ébloui de leur faux agrément,
A ce nouvel appât courut avidement.

Verterit. Ille sacro Phœbi non uritur igni.

  Non aliam ob causam Gallis *malè numen amicum*
Difficilis perhibent leges reperisse *Soneti*.
Instituit paribus sic bina tetrasticha metris,
Ut *rhythmus* duplex octonis ictibus aurem
Percuteret; sex carminibus dein ordine docto
Digestis, geminus divisit ternio sensum.
Hoc genere imprimis exacta licentia; *inertes*
Inculcare nefas *versus*, iterataque verba.
Huic Musæ adscripsit numerumque modumque magister
Ipse deus, tantùmque adjecit honoris, ut' æquet
Longum unius Epos virtus perfecta *Soneti*.
Verùm mille sibi nequicquam credula plaudunt
Ingenia; hic Phœnix auctores mille fefellit
Inveniendus adhuc. Cùm tot Malevilla *Soneta*,
Cùm tot Gombaltus fudit, cùm mille Manardus:
Vix licet ut meritâ duo, vel tria laude sequamur.
Cætera, Pelleterî spretis affinia scriptis,
Vestitura piper forulis abiêre relictis
Serciadæ. Aut brevior mensura, aut longior æquo est,
Quàm nostra ut jussos servet sententia fines.

  Liberius rapitur breviorem Epigramma per orbem,
Nil plerùmque aliud, nisi duplice splendida *rhythmo*
Scommata. Quod sapiens veterum nesciverat ætas,
Ex Italis nostras erupit acumen in oras.
Insanis miseræ capti *fulgoribus* artis
Vulgares stupuêre animi, illecebrasque recentes

La faveur du public excitant leur audace,
Leur nombre impétueux inonda le Parnasse :
Le Madrigal d'abord en fut enveloppé :
Le Sonnet orgueilleux lui-même en fut frappé ;
La tragédie en fit ses plus chères délices ;
L'Elégie en orna ses douloureux caprices ;
Un héros sur la scène eut soin de s'en parer,
Et sans pointe un amant n'osa plus soupirer ;
On vit tous les bergers, dans leurs plaintes nouvelles,
Fidèles à la pointe encor plus qu'à leurs belles ;
Chaque mot eut toujours deux visages divers :
La prose la reçut aussi-bien que les vers ;
L'avocat au palais en hérissa son style,
Et le docteur en chair en sema l'Evangile.
 La raison outragée enfin ouvrit les yeux,
La chassa pour jamais des discours sérieux ;
Et, dans tous ses écrits la déclarant infâme,
Par grâce lui laissa l'entrée en l'Épigramme ;
Pourvu que sa finesse éclatant à propos,
Roulât sur la pensée, et non pas sur les mots.
Ainsi de toutes parts les désordres cessèrent.
Toutefois à la cour les turlupins restèrent ;
Insipides plaisans, bouffons infortunés,
D'un jeu de mots grossier partisans surannés.
Ce n'est pas quelquefois qu'une muse un peu fine
Sur un mot, en passant, ne joue et ne badine,
Et d'un sens détourné n'abuse avec succès :
Mais fuyez sur ce point un ridicule excès ;

Hausère; inque dies audax *popularibus auris*,
Irruit in Musas argutia turbinis instar
Effusi. Invasit *Madrigal*, tumidoque *Soneto*
Acriùs instantem *grandes* arsère *cothurni*.
Hoc fuco artifici querulos Elegeia cantus
Compsit, et in scenam subtilis prodiit heros;
Suspiravit amans subtile, interque gemendum
Posthabuit dominam subtilis pastor acuto.
Musa sibi hunc cultum adscivit, sibi sermo pedester;
Nec vox nulla bifrons; Themidos patronus in aulâ
Horruit argutis, sanctâque in sede sacerdos
Divinam insano condivit acumine legem.

Tandem fraus patuit : sapientia dedecus ulta
Indignum, expediit subtili *seria ludo;*
Excessit gravibus depulsa argutia libris.
Cui fas interdùm solari Epigrammate casus,
Dùm tempestivo scitè condita lepore,
Non verba, at salsum saperet sententia ludum.
Sic pravi cecidit compressa audacia moris;
Nec tamen innumeris caruit balatronibus aula;
Insulsos miserè, genus insanabile, mimos,
Quos ita desueto scurrari scommate juvit!
Haud culpæ adscribam, si non incallida quandò
Ancipiti formâ verborum sumat abuti
Musa sibi, et felix detortâ voce jocetur :
At verò caveas positos transcendere fines,

Et n'allez pas toujours d'une pointe frivole
Aiguiser par la queue une épigramme folle.

  Tout poëme est brillant de sa propre beauté.
Le Rondeau, né gaulois, a la naïveté.
La Ballade, asservie à ses vieilles maximes,
Souvent doit tout son lustre au caprice des rimes.
Le Madrigal, plus simple et plus noble en son tour,
Respire la douceur, la tendresse et l'amour.

  L'ardeur de se montrer, et non pas de médire,
Arma la vérité du vers de la Satire.
Lucile le premier osa la faire voir;
Aux vices des Romains présenta le miroir;
Vengea l'humble vertu de la richesse altière,
Et l'honnête homme à pied du faquin en litière.

  Horace à cette aigreur mêla son enjouement:
On ne fut plus ni fat, ni sot impunément;
Et malheur à tout nom qui propre à la censure,
Put entrer dans un vers sans rompre la mesure.

  Perse, en ses vers obscurs, mais serrés et pressans,
Affecta d'enfermer moins de mots que de sens.

  Juvénal, élevé dans les cris de l'école,
Poussa jusqu'à l'excès sa mordante hyperbole.
Ses ouvrages, tout pleins d'affreuses vérités,
Étincellent pourtant de sublimes beautés:
Soit que sur un écrit arrivé de Caprée
Il brise de Séjan la statue adorée;
Soit qu'il fasse au conseil courir les sénateurs,

Ne, cùm dicto animos malè salso acuisse laboras,
Ridiculo longam ducas Epigrammate caudam.

Omne poema suum exornat nativa venustas.
Me candore juvat, peperit quem gallica Musa,
Rondœus. Veteri *Ballada* obnoxia legi,
Sæpius, ut *rhythmos* variat, splendescit honore.
Blanda sonans, teneros *Madrigal* suspirat amores,
Cultu nobilius, *quamvis est* simplice formâ.

Ardentem Satyram mordaci *armavit iambo*
Unus amor veri, non quæ maledicere vellet.
Infamem primus *secuit Lucilius urbem*,
Romulidisque facem objecit; qui pauperis ultor
Virtutis, fastum fortunæ agitavit iniquæ
Fervidus, et fatuum, qui totam complet inerti
Pondere lecticam, pediti subjecit honesto.

Hanc nimiam urbanus lenivit Horatius iram:
Nec fuit absurdo fatuove impunè cerebro;
Væ tibi, si nomen censuræ morsibus aptum,
Cæsurâ incolumi, numero respondet acuto.

Id studet obscurus, nervos contractior Aulus,
Ut valeat re dives, inops sententia verbi.

Clamosæ vehemens sophiæ Juvenalis alumnus
Spirat inexhausto famosos felle furores.
Ille tamen radios illustri fulgure vibrat,
Semper plena tonans horrendo carmina vero:
Seu, Romam *à Capreis* cùm *grandis epistola venit*,
Frangit adorati populo simulacra ministri;
Seu pavidos proceres vocat anxia cura tyranni,

D'un tyran soupçonneux pâles adulateurs;
Ou que, poussant à bout la luxure latine,
Aux portefaix de Rome il vende Messaline :
Ses écrits pleins de feu partout brillent aux yeux.

De ces maîtres savans disciple ingénieux,
Régnier, seul parmi nous formé sur leurs modèles,
Dans son vieux style encore a des grâces nouvelles,
Heureux! si ses discours, craints du chaste lecteur,
Ne se sentaient des lieux que fréquentait l'auteur;
Et si du son hardi de ses rimes cyniques
Il n'alarmait souvent les oreilles pudiques.

Le latin dans les mots brave l'honnêteté :
Mais le lecteur français veut être respecté;
Du moindre sens impur la liberté l'outrage,
Si la pudeur des mots n'en adoucit l'image.
Je veux dans la satire un esprit de candeur,
Et fuis un effronté qui prêche la pudeur.

D'un trait de ce poëme, en bons mots si fertile,
Le Français, né malin, forma le Vaudeville;
Agréable indiscret, qui, conduit par le chant,
Passe de bouche en bouche, et s'accroît en marchant.
La liberté française en ses vers se déploie :
Cet enfant de plaisir veut naître dans la joie.
Toutefois n'allez pas, goguenard dangereux,
Faire Dieu le sujet d'un badinage affreux.
A la fin tous ces jeux que l'athéisme élève,
Conduisent tristement le plaisant à la Grève.
Il faut, même en chansons, du bon sens et de l'art;

Agmen adulantûm, *ora modis pallentia* fœdis;
Seu, spurcæ indomito flagrante libidinis æstu,
Venatur gerulos vaga Messalina per urbem :
Scripta viri passim scintillant vivida flammis.

Iugenii felix, exemplaque tanta secutus,
Eminuit satyræ Regnerius arte, vetusti
Mille novos ratione styli redolente lepores.
Musa utinam lectorum animis malè grata pudicis,
Turpia fugisset nimiùm celebrata poetæ
Lustra suo, et cynicos audax devolvere *rhythmos*
Purgâsset numeris castas petulantibus aures.

Cura pudicitiæ sermone exacta latino est
Sæpiùs; at Galli virtus reverenter habetor.
Cùm minùs austerum sapuit sententia, lædor,
Ni qua verecundi studiosa modestia verbi
Dissimulet quid forma velit. Sit candidus auctor
In satyra : procul hinc, præco lascive pudoris,
Aufuge. Libertas satyræ, ingeniosa malignè,
Edidit argutis *Vadvilli* carmina Gallis.
Illa placens, quanquàm paulò temeraria, cantu
Musa per ora volat, *viresque acquirit eundo.*
Lætitiæ ipse dator, qui gaudia nascitur inter,
Versiculus, nostros nudâ exprimit indole mores.
Nec tamen hæc veniat tibi tàm malesana cupido,
Ut summum poscas infanda in scommata numen,
Ne, dùm sic Atheus misero canis impia ludo,
Seria suspensum teneat malè furca jocantem.
Ipsa et judicium sibi cantio poscit, et artem :

Mais pourtant on a vu le vin et le hasard
Inspirer quelquefois une Muse grossière,
Et fournir, sans génie, un couplet à Linière.
Mais pour un vain bonheur, qui vous a fait rimer,
Gardez qu'un sot orgueil ne vous vienne enfumer.
Souvent l'auteur altier de quelque chansonnette
Au même instant prend droit de se croire poëte :
Il ne dormira plus qu'il n'ait fait un Sonnet;
Il met tous les matins six impromptus au net.
Encore est-ce un miracle, en ses vagues furies,
Si bientôt imprimant ses sottes rêveries,
Il ne se fait graver au-devant du recueil,
Couronné de lauriers, par la main de Nanteuil.

At Baccho madidam interdùm, casuque secundo,
Vidimus in numeros agrestem erumpere Musam,
Linierusque strophen peperit *sine divite venâ*.
Ne verò, aspirat cùm lenior aura canenti,
Turgescat vano ventosa superbia fumo.
Versiculi pater haud rarò tumet: ociùs alti
Arrogat ipse sibi *pretium nomenque poetæ*:
Non somnum ducet, nisi scripserit antè *Sonetum*;
Huic manè in promptu bis ternas pangere chartas;
Credo equidem, mirum fuerit, ni turbidus æstro
Publicet in vulgum deliræ somnia mentis,
Et libri ad frontem pulcherrima prostet imago,
Nantolii dextrâ viridem imponente coronam.

CHANT TROISIÈME.

Il n'est point de serpent, ni de monstre odieux,
Qui, par l'art imité, ne puisse plaire aux yeux :
D'un pinceau délicat l'artifice agréable
Du plus affreux objet fait un objet aimable.
Ainsi, pour nous charmer, la Tragédie en pleurs
D'Œdipe tout sanglant fit parler les douleurs,
D'Oreste parricide exprima les alarmes,
Et, pour nous divertir, nous arracha des larmes.

Vous donc, qui d'un beau feu pour le théâtre épris,
Venez en vers pompeux y disputer le prix,
Voulez-vous sur la scène étaler des ouvrages
Où tout Paris en foule apporte ses suffrages,
Et qui, toujours plus beaux plus ils sont regardés,
Soient au bout de vingt ans encor redemandés ?
Que dans tous vos discours la passion émue
Aille chercher le cœur, l'échauffe et le remue.
Si d'un beau mouvement l'agréable fureur
Souvent ne nous remplit d'une douce *terreur*,
Ou n'excite en notre âme une *pitié* charmante,
En vain vous étalez une scène savante :
Vos froids raisonnemens ne feront qu'attiédir
Un spectateur, toujours paresseux d'applaudir,
Et qui, des vains efforts de votre rhétorique
Justement fatigué, s'endort, ou vous critique.

LIBER TERTIUS.

Quod mihi parrhasiâ simulatum expresseris arte,
Non jàm horret monstrum, non formâ immanior anguis.
Induit eximios res *turpiter* atra colores,
Quam polit artifici manus ingeniosa labore.
Sic multo, ut placeat, suffusa Tragœdia fletu
Infandum patriâ fumantis cæde dolorem
Laiadæ incendit: sic dulces, matre peremptâ,
Ad lacrymás cogit furiis agitatus Orestes.
    Ergò age, quem tragicæ sublimi voce tonantem
Invitat Musæ *laudumque arrecta cupido,*
Vin' tua, Melpomenes magnam recitata per ædem,
Fabula spectantis rapiat suffragia vulgi,
Et speciosa magis, fuerit quo sæpiùs acta,
Post quatuor studiis repetatur lustra secundis?
Affectu teneas animos, totumque poema
Ardeat, ut, quocumque velis, auditor agatur.
Ni quandò impulerit vehementia dulce furentem
Nobilis, undè fremam terrore agitatus amico,
Vel facilis blando assuescam miserescere luctu:
Incassùm ostentas doctæ miracula scenæ.
Hùc tua nimirùm vana argumenta valebunt,
Torpeat ut lentus palmâ spectator inerti;
Qui meritò impatiens conantis *plurima frustrà*
Eloquii, somno indulget, carpitve poetam.

Le secret est d'abord de plaire et de toucher :
Inventez des ressorts qui puissent m'attacher.

Que dès les premiers vers l'action préparée
Sans peine du sujet aplanisse l'entrée.
Je me ris d'un acteur qui, lent à s'exprimer,
De ce qu'il veut d'abord ne sait pas m'informer ;
Et qui, débrouillant mal une pénible intrigue,
D'un divertissement me fait une fatigue.
J'aimerais mieux encor qu'il déclinât son nom ;
Et dît : Je suis Oreste, ou bien Agamemnon,
Que d'aller par un tas de confuses merveilles,
Sans rien dire à l'esprit, étourdir les oreilles.
Le sujet n'est jamais assez tôt expliqué.

Que le lieu de la scène y soit fixe et marqué.
Un rimeur, sans péril, delà les Pyrénées,
Sur la scène, en un jour, renferme des années :
Là souvent le héros d'un spectacle grossier,
Enfant au premier acte, est barbon au dernier.
Mais nous, que la raison à ses règles engage,
Nous voulons qu'avec art l'action se ménage ;
Qu'en un lieu, qu'en un jour, un seul fait accompli,
Tienne jusqu'à la fin le théâtre rempli.

Jamais au spectateur n'offrez rien d'incroyable :
Le vrai peut quelquefois n'être pas vraisemblable.
Une merveille absurde est pour moi sans appas :
L'esprit n'est point ému de ce qu'il ne croit pas.
Ce qu'on ne doit point voir, qu'un récit nous l'expose :
Les yeux en le voyant saisiraient mieux la chose ;

Summa est scriptori si delectare movendo
Sciverit; ergò mihi laqueos contende tenaces.

  Nulla mora: exorsis descendens fabula ab ipsis,
Rerum in vestibulum facili nos tramite ducat.
Rideo, cùm, raptus variis erroribus, actor
Non *jàm nunc* dicit *jàm nunc debentia dici;*
Ægrèque expediens operoso ænigmata nodo,
Speratum vertit morosa in tœdia ludum.
Conclamet potiùs recitato nomine: « Cives,
Atridam regem, tristemve auditis Orestem. »
Nec sic agglomerans portenta incondita rerum,
Prodigiis lassas conetur inanibus aures
Tundere. Res nunquàm citiùs manifesta patescit.

  Servet ritè locus scenam finitus agendam.
Trans montes Pyrenaicos, secura cachinni,
Uno scena die multos complectitur annos;
Cùm, mimo in misero, qui primùm flebilis heros
Vagiit, extremo barbatus canduit actu.
Nos verò imprimis, sanos ratione magistrâ,
Arte juvat tenui deductum carmen, ut uno
Acta loco, unius spatio conscripta diei,
Continuet pleni seriem res una theatri.

  Non majora fide *poscat sibi fabula credi.*
Effigies veri vero quandòque negatur.
Grandia monstrorum absurdis miracula sordent
Illecebris, nec corda movent; *incredulus odi.*
Intùs digna geri narret facundia præsens.

  Pertigerit meliùs mentes subjecta fideli

Mais il est des objets que l'art judicieux
Doit offrir à l'oreille, et reculer des yeux.

Que le trouble, toujours croissant de scène en scène,
A son comble arrivé se débrouille sans peine.
L'esprit ne se sent point plus vivement frappé,
Que lorsqu'en un sujet, d'intrigue enveloppé,
D'un secret tout-à-coup la vérité connue
Change tout, donne à tout une face imprévue.

La Tragédie, informe et grossière en naissant,
N'était qu'un simple chœur, où chacun, en dansant,
Et du dieu des raisins entonnant les louanges,
S'efforçait d'attirer de fertiles vendanges.
Là, le vin et la joie éveillant les esprits,
Du plus habile chantre un bouc était le prix.
Thespis fut le premier, qui barbouillé de lie,
Promena par les bourgs cette heureuse folie;
Et, d'acteurs mal ornés chargeant un tombereau,
Amusa les passans d'un spectacle nouveau.
Eschyle dans le chœur jeta les personnages,
D'un masque plus honnête habilla les visages,
Sur les ais d'un théâtre en public exhaussé
Fit paraître l'acteur d'un brodequin chaussé.
Sophocle enfin, donnant l'essor à son génie,
Accrut encor la pompe, augmenta l'harmonie,
Intéressa le chœur dans toute l'action,
Des vers trop raboteux polit l'expression,
Lui donna chez les Grecs cette hauteur divine,
Où jamais n'atteignit la faiblesse latine.

Res oculo; sedenim docti prudentia vatis
Ex oculis tollet solam immittenda per aurem.
  Cùm magis atque magis fœcundo ænigmate scenæ
Gliscunt implicitæ, tum sese denique modus
Expediat facilis. Neque enim vehementiùs unquam
Percellor, quàm si, manifestum ambage solutâ,
Prodierit subitò arcanum, veroque recluso,
Mutata induerint inopinas omnia formas.
  Principiò rudis, agrestique Tragœdia vultu
Turpis erat chorus, et tardo pede tundere terram
Assueti, cantu Lenæum in vota vocabant,
Multa ut spumaret *plenis vindemia labris.*
Lætitiâ exsultans et largo fervida Baccho
Agrestûm pubes *vilem certavit ob hircum,*
Præmia cantantis. Thespis, fæce ora perunctus,
Non ingrata prior circumtulit orgia pagos,
Et plaustro imponens malè cultos corpora mimos,
Nusquàm visa dedit deusæ spectacula turbæ.
Æschylus actores personâ ornavit honestâ,
Inseruitque choro, grandi qui crura cothurno
Evincti, steterint *modicis* per compita *tignis.*
Ingenio tandem Sophocles permisit habenas
Immenso, *rebusque* choros aptavit *agendis;*
Necnon concentu et pompâ sublimior idem
Carmina subjecit limæ rudiora severæ.
Quo duce, sic tragicâ Graii eminuêre camœnâ
Ut tali enerves superârint laude Latinos.

Chez nos dévots aïeux le théâtre abhorré
Fut long-temps dans la France un plaisir ignoré.
De pélerins, dit-on, une troupe grossière
En public à Paris y monta la première;
Et, sottement zélée en sa simplicité,
Joua les Saints, la Vierge et Dieu par piété.
Le savoir, à la fin, dissipant l'ignorance,
Fit voir de ce projet la dévote imprudence.
On chassa ces docteurs prêchant sans mission;
On vit renaître Hector, Andromaque, Ilion.
Seulement les acteurs laissant le masque antique,
Le violon tint lieu de chœur et de musique.

Bientôt l'amour fertile en tendres sentimens,
S'empara du théâtre, ainsi que des romans.
De cette passion la sensible peinture
Est pour aller au cœur la route la plus sûre.
Peignez donc, j'y consens, les héros amoureux;
Mais ne m'en formez pas des bergers doucereux;
Qu'Achille aime autrement que Thyrsis et Philène:
N'allez pas d'un Cyrus nous faire un Artamène;
Et que l'amour, souvent de remords combattu,
Paraisse une faiblesse, et non une vertu.

Des héros de roman fuyez les petitesses;
Toutefois aux grands cœurs donnez quelques faiblesses.
Achille déplairait moins bouillant et moins prompt:
J'aime à lui voir verser des pleurs pour un affront.
A ces petits défauts marqués dans sa peinture,
L'esprit avec plaisir reconnaît la nature.

Austerâ pietate graves, invisa theatri
Gaudia majores longum latuêre per ævum.
Urbe Parisiacâ primas, ut dicitur, ausi,
Stulta cohors, scenas peregrini ascendere : quorum
Insanè pia simplicitas divamque parentem,
Cœlicolûmque egit cœtus, magnumque Tonantem.
At tandem melior tenebris doctrina fugatis
Quàm grave peccaret sacra imprudentia sensit,
Expulsique viri non sancto flamine pleni.
Hector et Andromache rediêre, et maxima bello
Pergama. Personam veterem detraxit ab ore
Actor, et excepit fidicen cantumque chorumque.

Mox totus ruit in scenam fictosque libellos
Blandus amor, tenero affectu præsentior imis
Cordibus illabi, gratumque infigere vulnus.
Molli ergò flammâ, per me licet, ardeat heros;
At non dulciculus languescat pastor. Achilles
Sylvandro diversus amet, diversus Amyntâ;
Nec mihi pro Cyro vanâ sub imagine detur
Artamenes; et amor, *curis* ultricibus *æger*,
Infelix error, non audiat inclyta virtus.

Præsertim excutiant ficti puerilia libri
Heroes; verùm et levior non dedecet error
Sublimes interdùm animas. Minùs acer Achilles
Prodierit? segni spectantem offenderit irâ.
Pulchrè est, si quandò largos injuria fletus
Exprimat. Has *præscripsit* ubi tua *pagina* culpas,
Naturæ lubet ingenuos agnoscere vultus.

Qu'il soit sur ce modèle en vos écrits tracé :
Qu'Agamemnon soit fier, superbe, intéressé;
Que pour ses dieux Énée ait un respect austère.
Conservez à chacun son propre caractère.
Des siècles, des pays étudiez les mœurs :
Les climats font souvent les diverses humeurs.

Gardez donc de donner, ainsi que dans Clélie,
L'air, ni l'esprit français à l'antique Italie;
Et, sous des noms romains faisant notre portrait,
Peindre Caton galant, et Brutus dameret.
Dans un roman frivole aisément tout s'excuse,
C'est assez qu'en courant la fiction amuse;
Trop de rigueur alors serait hors de saison :
Mais la scène demande une exacte raison :
L'étroite bienséance y veut être gardée.

D'un nouveau personnage inventez-vous l'idée?
Qu'en tout avec soi-même il se montre d'accord,
Et qu'il soit jusqu'au bout tel qu'on l'a vu d'abord.

Souvent, sans y penser, un écrivain qui s'aime,
Forme tous ses héros semblables à soi-même :
Tout a l'humeur gasconne en un auteur gascon;
Calprenède et Juba parlent du même ton.

La nature est en nous plus diverse et plus sage;
Chaque passion parle un différent langage :
La colère est superbe, et veut des mots altiers :
L'abattement s'explique en des termes moins fiers.

Que devant Troie en flamme Hécube désolée
Ne vienne pas pousser une plainte ampoulée,

Hunc pinge Æacidem : regnis exsultet Atrides
Altâ mente ferox, lucroque intentus avaro;
Summa deûm Æneam teneat reverentia. Redde
Mores cuique suos, populisque ævoque notatis;
Ingeniorum habitus variat mutabile cœlum.

 Ergò cave (libro quod Clœlia peccat inepto)
Ausonidas veteres animis effingere nostris;
Ne, dùm romano simulas sub nomine Gallos,
Vel Cato, vel Brutus dominâ juvenetur amicâ.
Est veniæ locus in nugis; si frivola cursim
Fictio lectorem juvit, non plura requiro;
Peccarem nimius censuræ. At scena decorum,
Austeræ gravitatis amans, sibi vindicat. *Audes*
Personam formare novam? servetur ad imum
Qualis ab incœpto processerit, et sibi constet.

 Est ut sæpè suî tacito deceptus amore,
Sese in descriptis heroibus exprimat auctor.
Omnia vasconicum redolent in Vascone : dicit
Non alio Juba, non alio Calprenedus ore.
 Discolor inducit meliùs diversa loquentes
Natura : exsultans verbis tonat ira superbis,
Dùm miseras humili mœror trahit ore loquelas.

 Ne Priami conjux, violento perdita luctu,
Ampullis doleat, cùm flammis Ilion ardet;

Ni sans raison décrire en quel affreux pays
Par sept bouches l'Euxin reçoit le Tanaïs.
Tous ces pompeux amas d'expressions frivoles
Sont d'un déclamateur amoureux de paroles.
Il faut dans la douleur que vous vous abaissiez :
Pour me tirer des pleurs, il faut que vous pleuriez.
Ces grands mots dont alors l'acteur emplit sa bouche,
Ne partent point d'un cœur que sa misère touche.

  Le théâtre, fertile en censeurs pointilleux,
Chez nous pour se produire est un champ périlleux.
Un auteur n'y fait pas de faciles conquêtes;
Il trouve à le siffler des bouches toujours prêtes :
Chacun le peut traiter de fat et d'ignorant;
C'est un droit qu'à la porte on achète en entrant.
Il faut qu'en cent façons, pour plaire, il se replie :
Que tantôt il s'élève et tantôt s'humilie;
Qu'en nobles sentimens il soit partout fécond,
Qu'il soit aisé, solide, agréable, profond;
Que de traits surprenans sans cesse il nous réveille;
Qu'il coure dans ses vers de merveille en merveille;
Et que tout ce qu'il dit, facile à retenir,
De son ouvrage en nous laisse un long souvenir.
Ainsi la Tragédie agit, marche et s'explique.

  D'un air plus grand encor, la poésie épique,
Dans le vaste récit d'une longue action,
Se soutient par la fable, et vit de fiction.
Là pour nous enchanter tout est mis en usage :
Tout prend un corps, une âme, un esprit, un visage.

Neu canat imprudens quâ tristi Euxinus in orâ
Vasta bibat Tanain septena per ostia Pontus.
Cùm tot grandiloqui versus ructamur inanes,
Verborum ambitio verbis insudat ineptis.
Mœstos demissi vultus, demissa decebunt
Dicta: *Tibi primùm, si vis me flere, dolendum est.*
Qui tanto eloquii jaculatur magna fragore
Fulmina, non vero gemit infortunia questu.

Haud simplex Gallo permittitur alea scenæ,
Argutis nimiùm plenæ censoribus. Illi
Laurea difficilis partu, illi mille parantur
Sibila; quem fatuum, vel turpi nomine stultum
Cuique licet premere; hoc juris nostro ære potimur.
Ut scriptor placeat, formas vertatur in omnes;
Nunc verrat dejectus humum, nunc surgat ad æthram
Sublimis, grandesque animoso carmine sensus
Spiret inexpletùm : facilis gravitate, *profundo
Ore* ruat; mentes iterùmque iterùmque stupendis
Suscitet, usque nova expromens miracula rerum,
Ut, quæ protulerit, lectoribus obvia cunctis,
Percipiant animi dociles, teneantque fideles.
Hos habitus, hæc ora refert, hanc musa Tragœdi
Virtutem. Immensam vasto movet ordine molem
Majus Epos, fictisque vigens increscit eundo.
Nil Epico vati, quo delectemur, omissum;
Omnibus ingenium, et vivi cum corpore vultus.

Chaque vertu devient une divinité :
Minerve est la prudence, et Vénus la beauté ;
Ce n'est plus la vapeur qui produit le tonnerre,
C'est Jupiter armé pour effrayer la terre :
Un orage terrible aux yeux des matelots,
C'est Neptune en courroux qui gourmande les flots ;
Echo n'est plus un son qui dans l'air retentisse,
C'est une Nymphe en pleurs qui se plaint de Narcisse.
Ainsi, dans cet amas de nobles fictions,
Le poëte s'égaie en mille inventions,
Orne, élève, embellit, aggrandit toutes choses,
Et trouve sous sa main des fleurs toujours écloses.
Qu'Énée et ses vaisseaux, par le vent écartés,
Soient aux bords africains d'un orage emportés ;
Ce n'est qu'une aventure ordinaire et commune,
Qu'un coup peu surprenant des traits de la fortune.
Mais que Junon constante en son aversion,
Poursuive sur les flots les restes d'Ilion ;
Qu'Éole, en sa faveur, les chassant d'Italie,
Ouvre aux vents mutinés les prisons d'Éolie ;
Que Neptune en courroux s'élevant sur la mer,
D'un mot calme les flots, mette la paix dans l'air,
Délivre les vaisseaux, des Syrtes les arrache :
C'est là ce qui surprend, frappe, saisit, attache.
Sans tous ces ornemens le vers tombe en langueur ;
La poésie est morte, ou rampe sans vigueur ;
Le poëte n'est plus qu'un orateur timide,
Qu'un froid historien d'une fable insipide.

Quot sunt virtutes, proprio tot numina gaudent
Nomine : forma Venus, prudentia Pallas habetur.
Non vapor aerius metuenda tonitrua conflat,
Fulmineis terret mortales Jupiter armis;
Quòd si jactatam tumido rapit æquore navem
Horrida tempestas, sævit Neptunus in undas;
Non vox est Echo medias reditura per auras,
Fletus Nympha ciet, Narcissi questa repulsam.
Tanto hoc Calliope luxu, fecunda creatrix
Fictorum, exsultat, multoque inventa decore
Amplificans, addit regalem rebus honorem;
Quam circùm vario pubescunt munere flores.
Æneæ classem libycas impingat in oras
Nimborum rabies insana : hunc *ludere ludum ;*
Hos fortuna solet casus iterare frequentes.
At *Juno æternum servans sub pectore vulnus,*
Troum relliquias agitet *maria omnia circùm :*
AEneadas italâ, divæ reus, arceat orâ
Æolus, indomitosque emittat carcere ventos :
Commotus graviter summâ caput efferat *undâ*
Neptunus, ponatque fretum, *solemque* reducat,
Syrtibus et scopulis naves detrudat acutis :
His stupeo, hæc animos capiuntque tenentque movendo.
Nimirùm tali ornatu spoliata poesis,
Udæ serpit humi languens, neque *vescitur aurâ*
AEtherea : vates aut causas frigidus orat,
Aut gemit historicus commento enervis inepto.

3

C'est donc bien vainement que nos auteurs déçus,
Bannissant de leurs vers ces ornemens reçus,
Pensent faire agir Dieu, ses saints et ses prophètes,
Comme ces dieux éclos du cerveau des poëtes ;
Mettent à chaque pas le lecteur en enfer ;
N'offrent rien qu'Astaroth, Belzébuth, Lucifer.
De la Foi d'un chrétien les mystères terribles
D'ornemens égayés ne sont pas susceptibles.
L'Évangile à l'esprit n'offre de tous côtés
Que pénitence à faire, et tourmens mérités ;
Et de vos fictions le mélange coupable
Même à ses vérités donne l'air de la fable.

Et quel objet enfin à présenter aux yeux
Que le diable toujours hurlant contre les cieux,
Qui de votre héros veut rabaisser la gloire,
Et souvent avec Dieu balance la victoire?
Le Tasse, dira-t-on, l'a fait avec succès.
Je ne veux point ici lui faire son procès :
Mais, quoi que notre siècle à sa gloire publie,
Il n'eût point de son livre illustré l'Italie,
Si son sage héros, toujours en oraison,
N'eût fait que mettre enfin Satan à la raison ;
Et si Renaud, Argant, Tancrède et sa maîtresse
N'eussent de son sujet égayé la tristesse.

Ce n'est pas que j'approuve, en un sujet chrétien,
Un auteur follement idolâtre et païen.
Mais dans une profane et riante peinture,
De n'oser de la fable employer la figure ;

Ergò nostrates malesanus decipit error,
Qui timidi licitis Musarum ornatibus uti,
Non ullo discrimine habent mendacia vatum
Numina, supremumque Deum, sacrosque prophetas.
Usque per infernam occurrit lectoribus oram
Lucifer, Astarothus, proceresque nigrantis Averni.
Sancta incorruptæ fidei mysteria lætos
Despiciunt habitus; meritas delicta gementi
Lex Christi imponit tantùm pro crimine pœnas;
Dùm malè ridentes vetitâ struis arte figuras,
Pondere vera carent, fictisque simillima fiunt.

   Quid sibi vult tandem visu miserabile monstrum,
Dœmonicis superam incendens ululatibus aulam?
Hoc agit ut magnos illustris deprimat ausus
Herois, poscitque Deum non impare pugnâ.
   Illius, objicies, debetur gloria Tasso
Carminis. Haud Tassum damnosâ lite morabor:
Sed licet extollas notum *super æthera* vatem,
Non se tantùm illo jactaret patria libro,
Si prece continuâ sapiens nil tenderet heros,
Quàm furias orci, et Satanam domitare rebellem;
Si non juvissent tristem Reginaldus et Argans
Materiam, et captus dominâ Tancredus amicâ.
   Non equidem patiar, cùm vatem seria poscunt
Christicolam, absurdè pagana idola canentem.
Ast ubi subrident vultu argumenta profano,
Qui timet ingenuas fictis ornare figuras,

De chasser les Tritons de l'empire des eaux,
D'ôter à Pan sa flûte, aux Parques leurs ciseaux;
D'empêcher que Charon, dans la fatale barque,
Ainsi que le berger, ne passe le monarque :
C'est d'un scrupule vain s'alarmer sottement,
Et vouloir aux lecteurs plaire sans agrément.
Bientôt ils défendront de peindre la prudence,
De donner à Thémis ni bandeau, ni balance,
De figurer aux yeux la guerre au front d'airain,
Ou le temps qui s'enfuit une horloge à la main;
Et partout des discours, comme une idolâtrie,
Dans leur faux zèle iront chasser l'allégorie.
Laissons-les s'applaudir de leur pieuse erreur.
Mais pour nous, bannissons une vaine terreur;
Et, fabuleux chrétiens, n'allons point, dans nos songes,
Du Dieu de vérité faire un dieu de mensonges.

 La fable offre à l'esprit mille agrémens divers :
Là tous les noms heureux semblent nés pour les vers,
Ulysse, Agamemnon, Oreste, Idoménée,
Hélène, Ménélas, Pâris, Hector, Énée.
Oh! le plaisant projet d'un poëte ignorant,
Qui de tant de héros va choisir Childebrand!
D'un seul nom quelquefois le son dur, ou bizarre,
Rend un poëme entier ou burlesque, ou barbare.

 Voulez-vous long-temps plaire, et jamais ne lasser?
Faites choix d'un héros propre à m'intéresser,
En valeur éclatant, en vertus magnifique;
Qu'en lui, jusqu'aux défauts, tout se montre héroïque;

Qui graciles Pani calamos, sua stamina Parcis
Præripit, et proprio Tritonas ab æquore pellit:
Qui prohibet ne cymba senis metuenda Charontis
Subvectet regnantûm animas, humilesque bubulcos :
Hunc urit vana anxietas, huic stulta libido est
Delectare animos, licet absit gratia versûs.
Jam neque prudentem poteris simulare Minervam;
Jam neque lanx Themidi, neque circùm tempora limbus;
Non Mars æratâ spirabit tristia fronte
Prælia, nec Tempus fugiet resonantibus horis.
Quin allegoriam, turpissima ludicra cultûs
Sacrilegi, malesana fides expellet ab omni
Scriptorum genere. Hos habeat sanctissimus error,
Ut lubet. At vano tandem terrore soluti,
Christiadæ parcant sibi somnia fingere, veri
Ne fons ipse Deus mendacia præferat ora.

Ut mihi mille modis subridet fabula viris!
Quot sunt, tot blandis accommoda nomina Musis
Respondent, Paris, OEolides, Menelaus, Orestes,
Atrida, Æneas, Helena, Idomeneus, et Hector.
Musa hæc delirat, quæ tollit laudibus, altos
Dedignata viros, ad sidera Childebrandum!
Accidit ut penitùs ridenda, aut barbara fiant
Carmina, cùm nomen durum, absurdumve sonabit.

Vin' capiat me perpetuis insigne poema
Illecebris? virtute potens, acerrimus armis
Prodeat ille heros; vitiis vel maximus ipsis,

Que ses faits surprenans soient dignes d'être ouïs ;
Qu'il soit tel que César, Alexandre, ou Louis ;
Non tel que Polynice, et son perfide frère.
On s'ennuie aux exploits d'un conquérant vulgaire.

    N'offrez pas un sujet d'incidens trop chargé.
Le seul courroux d'Achille, avec art ménagé,
Remplit abondamment une Iliade entière :
Souvent trop d'abondance appauvrit la matière.

    Soyez vif et pressé dans vos narrations :
Soyez riche et pompeux dans vos descriptions ;
C'est là qu'il faut des vers étaler l'élégance ;
N'y présentez jamais de basse circonstance.
N'imitez pas ce fou qui, décrivant les mers,
Et peignant, au milieu de leurs flots entr'ouverts,
L'Hébreu sauvé du joug de ses injustes maîtres,
Met, pour le voir passer, les poissons aux fenêtres ;
Peint le petit enfant qui *va, saute, revient*,
Et joyeux à sa mère offre un caillou qu'il tient.
Sur de trop vains objets c'est arrêter la vue.

    Donnez à votre ouvrage une juste étendue.
Que le début soit simple et n'ait rien d'affecté.
N'allez pas dès l'abord, sur Pégase monté,
Crier à vos lecteurs d'une voix de tonnerre :
Je chante le vainqueur des vainqueurs de la terre.
Que produira l'auteur après tous ces grands cris ?
La montagne en travail enfante une souris.
Oh ! que j'aime bien mieux cet auteur plein d'adresse,
Qui, sans faire d'abord de si haute promesse,

Mille ausis Famæ centena exerceat ora.
Dignus Alexandro, Lodoici, aut Cæsaris ingens
Æmulus, Ædipodas, fraterno perfida bello
Pectora, ne referat. Vulgaris omittitur heros.
  Ne fœta eventis nimiùm argumenta laborent.
Æacidæ stomachus producitur arte magistrâ,
Unus ut Iliadis vastum compleverit orbem :
Sæpè quidem fallit nimio nos copia luxu.
  Narras? præpetibus volitent tibi concita pennis
Carmina. Describis? pompæ concinnus honorem
Regificæ ostentes; abeant hinc sordida rerum.
♥ Ne sequere insani deliramenta poetæ,
Qui mare describens, durique tyrannide regis
Excussâ, Isacidas suspensa per æquora gressos,
Fluctivagum spissis genus admovet omne fenestris.
Dùm cursus per mille puer, per mille recursus,
Gestit ovans matri teretem retulisse lapillum.
Indulsit nimiò minimis. Conclude poema
Limite legitimo; simplex exordia circùm
Candida, ne primùm sedeas sublimior alis
Pegaseis, latèque horrenda tonitrua quassans :
Cantabo partum ex orbis domitore triumphum.
Quid dignum tanto feret hic promissor hiatu?
Parturient montes, nascetur ridiculus mus.
Rectiùs invitat mentes industria vatis,
Qui, non principiò lectori tanta minatus,

Me dit d'un ton aisé, doux, simple, harmonieux :
Je chante les combats, et cet homme pieux,
Qui des bords phrygiens conduit dans l'Ausonie,
Le premier aborda les champs de Lavinie.
Sa muse en arrivant ne met pas tout en feu,
Et, pour donner beaucoup, ne nous promet que peu ;
Bientôt vous la verrez, prodiguant les miracles,
Du destin des Latins prononcer les oracles ;
De Styx et d'Achéron peindre les noirs torrens,
Et déjà les Césars dans l'Élysée errans.

De figures sans nombre égayez votre ouvrage ;
Que tout y fasse aux yeux une riante image :
On peut être à la fois et pompeux, et plaisant,
Et je hais un sublime ennuyeux et pesant.
J'aime mieux Arioste et ses fables comiques,
Que ces auteurs toujours froids et mélancoliques,
Qui dans leur sombre humeur se croiraient faire affront,
Si les Grâces jamais leur déridaient le front.

On dirait que pour plaire, instruit par la nature,
Homère ait à Vénus dérobé sa ceinture,
Son livre est d'agrémens un fertile trésor.
Tout ce qu'il a touché se convertit en or ;
Tout reçoit dans ses mains une nouvelle grâce ;
Partout il divertit, et jamais il ne lasse.
Une heureuse chaleur anime ses discours :
Il ne s'égare point en de trop longs détours.
Sans garder dans ses vers un ordre méthodique,
Son sujet de soi-même et s'arrange, et s'explique :

Eloquio facili dulcis, *fidibusque canoris*,
Materiam aggreditur simplex : « *Cano* bella *virumque*
Insignem pietate, Phrygum *qui primus ab oris*
Ausoniæ fines, *Lavinaque littora venit.* »
Primum in vestibulum non vasta incendia secum
Ille trahit, parcus promissi, multa daturus.
Quin erit *ut speciosa dehinc miracula* promens,
Italiæ moveat sacris oracula fatis;
Et nigras Acherontis aquas, *stygiamque paludem*,
Cæsareasque animas placidi canat arva tenentes
Elysii. Innumeris invitet grata figuris
Musa oculos; licet et magnum miscere venusto;
At tristem, ingenium quamvis sublime, poetam
Odimus. Inventis tua nos, Ariosto, facetis
Ludicra delectant melius, quàm tetricus auctor,
Cui nunquam alma charis (*magnum quod dedecus* ipsi
Autumet) *explicuit contractæ seria frontis.*

Numine, credo equidem, naturæ afflatus amico
Qui placeat, Veneri zonam detraxit Homerus,
Undè fluunt diti fœcunda poemata cultu.
Quidquid contingit *fulvum* mutatur *in aurum.*
Hoc poliente librum, accedit nova gratia Musæ,
Lectoremque juvat nunquam gravis. Alma benigno
Scripta calent igni; neque per divortia longum
Quærit iter; licet abfuerit justissimus ordo,

Tout, sans faire d'apprêts, s'y prépare aisément :
Chaque vers, chaque mot court à l'événement.
Aimez donc ses écrits, mais d'un amour sincère :
C'est avoir profité que de savoir s'y plaire.

 Un poëme excellent, où tout marche et se suit,
N'est pas de ces travaux qu'un caprice produit :
Il veut du temps, des soins ; et ce pénible ouvrage
Jamais d'un écolier ne fut l'apprentissage.
Mais souvent parmi nous un poëte sans art,
Qu'un beau feu quelquefois échauffa par hasard,
Enflant d'un vain orgueil son esprit chimérique,
Fièrement prend en main la trompette héroïque :
Sa Muse déréglée en ses vers vagabonds,
Ne s'élève jamais que par sauts et par bonds ;
Et son feu, dépourvu de sens et de lecture,
S'éteint à chaque pas faute de nourriture.
Mais en vain le public, prompt à le mépriser,
De son mérite faux le veut désabuser ;
Lui-même, applaudissant à son maigre génie,
Se donne par ses mains l'encens qu'on lui dénie :
Virgile, au prix de lui, n'a point d'invention ;
Homère n'entend point la noble fiction.
Si contre cet arrêt le siècle se rébelle,
A la postérité d'abord il en appelle :
Mais attendant qu'ici le bon sens de retour
Ramène triomphans ses ouvrages au jour,
Leurs tas aux magasins, cachés à la lumière,
Combattent tristement les vers et la poussière.

Materies patet ipsa volens, et prona secundis
Semper ad eventum festinant carmina verbis.
Ergò Mœonidem vero amplectamur amore:
Illo quidem sibi profecit, qui gaudet Homero.

Egregium numeris, rectoque poema tenore
Non claram in lucem cœco Musa impete fundit:
Cudit multa dies, studioque intenta Minerva
Durum opus, indignum sanè tirone laborem.
At quandòque rudis, qui pulchro instinctus ab œstro
Fortè calet vates, ventoso pectora fastu
Inflat, et heroas audaci pectine Musas
Increpat. Incertum pér Epos sine lege vagatus,
Emicat exsultim, vanumque indoctus eundo
Igniculum extinguit, cui non alimenta ministrat.
Si plebs prompta virum crudis explodere sannis,
Aggreditur stolidi cerebrum purgare furoris,
Ecce prior sibi complaudit, venæque negatos
Exiguæ accendit fumanti thure vapores.
Virgilium inventis superat, præcellit Homero
Fingendi misero artifici, optimus ipse magister.
Judicium hoc ætas detrectat nostra? minores
Invocat. At donec redeat sapientia, vili
Restituens vati speratos lucis honores,
Tota jacent tenebris obscuræ scripta tabernæ,
Pulvereâ sub mole, avidis data vermibus esca.

Laissons-les donc entre eux s'escrimer en repos ;
Et, sans nous égarer, suivons notre propos.

 Des succès fortunés du spectacle tragique,
Dans Athènes naquit la comédie antique.
Là, le Grec né moqueur, par mille jeux plaisans,
Distilla le venin de ses traits méprisans.
Aux accens insolens d'une bouffonne joie
La sagesse, l'esprit, l'honneur furent en proie.
On vit par le public un poëte avoué
S'enrichir aux dépens du mérite joué :
Et Socrate par lui, dans *un chœur de nuées*,
D'un vil amas de peuple attirer les huées.
Enfin de la licence on arrêta le cours :
Le magistrat des lois emprunta le secours,
Et, rendant par édit les poëtes plus sages,
Défendit de marquer les noms et les visages.
Le théâtre perdit son antique fureur :
La Comédie apprit à rire sans aigreur,
Sans fiel et sans venin sut instruire et reprendre,
Et plut innocemment dans les vers de Ménandre.
Chacun, peint avec art dans ce nouveau miroir,
S'y vit avec plaisir, ou crut ne s'y point voir :
L'avare des premiers rit du tableau fidèle
D'un avare souvent tracé sur son modèle ;
Et mille fois un fat, finement exprimé,
Méconnut le portrait sur lui-même formé.

 Que la nature donc soit votre étude unique,
Auteurs, qui prétendez aux honneurs du comique.

ARS POETICA, LIBER III.

Lentum ergò nostrâ consumant pace duellum,
Dùm nos propositum, vitato errore, sequemur.

Quæ tantos meruit celebrata Tragœdia plausus,
Comœdos veteres doctis induxit Athenis.
Tum natura jocis Graiûm ingeniosa malignis
Acria mordaci vomuit maledicta veneno.
Lascivi scurræ ludo arripuêre furenti
Et laudem ingenii, et mores sapientis honestos;
Irridensque bonum, populo plaudente, poeta
Divitiis crevit, dùm Socratis inclyta virtus,
Nubibus in mediis, turpi ludibria vulgo
Debuit. Hæc diri compressa licentia moris,
Dignaque *lege regi; lex est accepta*, gravique
Edicto cautum, vate ad meliora redacto,
Ne quis describi vultu, vel nomine posset.
Hæc ubi discessit rabies expulsa theatris,
Jam tristi abstinuit ridens Comœdia felle,
Spectantem reprehendendo *pariterque monendo:*
Allexitque animos innoxia Musa Menandri.
Redditus hoc speculo solerter quisque recenti
Ora sibi sua dissimulat, gaudetve tuendo:
Quin etiam imprimis deridet avarus avarum,
Cujus adoptivum scribentibus ipse colorem
Sufficit; et fatuum, qui doctâ pingitur arte,
Sæpè sui fallunt alienâ in imagine vultus.

Uno vos igitur, quos socci gloria tangit,
O vates, studio naturam haurite notandam.

Quiconque voit bien l'homme, et, d'un esprit profond
De tant de cœurs cachés a pénétré le fond;
Qui sait bien ce que c'est qu'un prodigue, un avare,
Un honnête homme, un fat, un jaloux, un bizarre :
Sur une scène heureuse il peut les étaler,
Et les faire à nos yeux, vivre, agir et parler.
Présentez-en partout les images naïves,
Que chacun y soit peint des couleurs les plus vives.
La nature, féconde en bizarres portraits,
Dans chaque âme est marquée à de différens traits,
Un geste la découvre, un rien la fait paraître :
Mais tout esprit n'a pas des yeux pour la connaître.

   Le temps, qui change tout, change aussi nos humeurs;
Chaque âge a ses plaisirs, son esprit et ses mœurs.

   Un jeune homme, toujours bouillant dans ses caprices,
Est prompt à recevoir l'impression des vices;
Est vain dans ses discours, volage en ses désirs,
Rétif à la censure, et fou dans les plaisirs.

   L'âge viril plus mûr inspire un air plus sage,
Se pousse auprès des grands, s'intrigue, se ménage;
Contre les coups du sort songe à se maintenir,
Et loin dans le présent regarde l'avenir.

   La vieillesse chagrine incessamment amasse,
Garde, non pas pour soi, les trésors qu'elle entasse;
Marche en tous ses desseins d'un pas lent et glacé,
Toujours plaint le présent, et vante le passé;
Inhabile aux plaisirs dont la jeunesse abuse,
Blâme en eux les douceurs que l'âge lui refuse.

Qui cæcos prudens humani aperire recessus
Ingenii, didicit quid parco *prodigus æris*,
Quid bonus insano distet, quid tetra libido,
Quis sit zelotypo color indolis : *ille profectò*
Reddere germanæ *scit convenientia* scenæ,
Personisque animam, *et veras hinc ducere voces.*
Hoc habitu decet, hoc vivo spectacula gestu
Edere : quisque suo sese ferat ore videndum.
Mille dedit varias natura effingere formas,
Diversis, ut sunt animi, diversa sigillis;
Quàm *leve*, quàm *parvum est*, ipsam quod prodit! At omnis
Non est mille vices scriptor deprendere felix.

Nostros anni habitus, qui vertunt omnia, vertunt;
Mos suus ætati, sua mens, sua gaudia cuique.

Irruit effrenus, quò jactat cæca voluptas,
Indomitæ juvenis variante libidinis æstu,
Cereus in vitium flecti, monitoribus asper,
Vana loquens, *cupidusque, et amata relinquere pernix.*

Contrà autem matura *ætas animusque virilis*
Regum *quærit opes,* prudens *inservit honori,*
Et duræ incertos fortunæ avertere casus
Cautus, odoratur præsenti in sorte futuram.

Difficilis senior defossum congerit aurum
Non sibi; *res omnes timidè gelidèque ministrat;*
Censor præsentis, *laudator temporis acti*
Se puero, durè juvenilia gaudia culpat,
Immodicos lusus, quos frigida denegat ætas.

Ne faites point parler vos acteurs au hasard,
Un vieillard en jeune homme, un jeune homme en vieillard.

Etudiez la cour et connaissez la ville :
L'une et l'autre est toujours en modèles fertile.
C'est par-là que Molière illustrant ses écrits,
Peut-être de son art eût remporté le prix ;
Si, moins ami du peuple, en ses doctes peintures,
Il n'eût point fait souvent grimacer ses figures,
Quitté pour le bouffon l'agréable et le fin,
Et sans honte à Térence allié Tabarin.
Dans ce sac ridicule où Scapin s'enveloppe,
Je ne reconnais plus l'auteur du Misanthrope.

Le comique, ennemi des soupirs et des pleurs,
N'admet point en ses vers de tragiques douleurs ;
Mais son emploi n'est pas d'aller dans une place
De mots sales et bas charmer la populace.
Il faut que ses acteurs badinent noblement ;
Que son nœud bien formé se dénoue aisément ;
Que l'action marchant où la raison la guide,
Ne se perde jamais dans une scène vide ;
Que son style humble et doux se relève à propos ;
Que ses discours, partout fertiles en bons mots,
Soient pleins de passions finement maniées,
Et les scènes toujours l'une à l'autre liées.
Aux dépens du bon sens gardez de plaisanter :
Jamais de la nature il ne faut s'écarter.
Contemplez de quel air un père, dans Térence,
Vient d'un fils amoureux gourmander l'imprudence ;

Nil dicant temerè actores, ne detur agendum
Officium juvenile seni, juvenique senile.

Explora magnatum animos, non inscius urbis;
Molierus vivos ducens ab utrisque colores,
Texuit arguto genuina poemata filo;
Qui fortassè suâ princeps floreret in arte,
Ni quandò illustres corrumperet histrio formas
Captator populi, salibusque auderet omissis
Degener insulso scurræ geminare Terentî
Carmina. Ridiculum sacco involvente Scapinum,
Docta Misanthropi scriptorem scena requirit.

Exhalare animo tragicos indigna dolores,
Comica res odit mœsto suspiria fletu;
Non tamen ut trivium plebemque oblectet hiantem,
Vulgo *immunda* crepans *ignominiosaque dicta*.
Nobiliter se ludus agat, facilesque resolvant
Actores nodum artificem; ratione magistrâ,
Fabula spectantem ne scenâ fallat inani;
Ipsa humilem dulcis tollat *Comœdia vocem*,
Cùm decet; urbanos dextro concinna lepores
Temperet affectu, scenæque cohæreat aptè
Scena. Jocis vates, læso gravitatis honore,
Abstineat, prudens naturæ haud temnere leges.
Aspicis? ut mirè *sævit pater* ille Terentî,
Quòd gnatus *meretrice nepos insanit amicâ!*

De quel air cet amant écoute ses leçons,
Et court chez sa maîtresse oublier ces chansons.
Ce n'est pas un portrait, une image semblable;
C'est un amant, un fils, un père véritable.

J'aime sur le théâtre, un agréable auteur,
Qui, sans se diffamer aux yeux du spectateur,
Plaît par la raison seule, et jamais ne la choque;
Mais pour un faux plaisant à grossière équivoque,
Qui, pour me divertir, n'a que la saleté,
Qu'il s'en aille, s'il veut, sur deux tréteaux monté,
Amusant le Pont-Neuf de ses sornettes fades,
Aux laquais assemblés jouer ses mascarades.

Ut patrios curat monitus, dominæque revisit
Tecta procus, pernix *fabellam* agitare senilem!
Non spirant simili similes ab imagine vultus;
Sed guato genitor verè succenset amanti.

   Me scenâ juvat ille suâ gratissimus auctor,
Qui, nunquam in scriptis rigidi desertor honesti,
Auditorum animos, salvâ ratione, moratur.
At balatro fœdè ambiguus, qui multa laborat,
Si qua mihi lætos moveat petulantia risus,
Insternat geminis jocularia *pulpita tignis*,
Si lubet; et misero delectans compita mimo,
Ridicula exhibeat coeuntibus orgia vernis.

CHANT QUATRIÈME.

Dans Florence jadis vivait un médecin,
Savant hâbleur, dit-on, et célèbre assassin.
Lui seul y fit long-temps la publique misère :
Là le fils orphelin lui redemande un père :
Ici le frère pleure un frère empoisonné :
L'un meurt vide de sang, l'autre plein de séné :
Le rhume à son aspect se change en pleurésie,
Et par lui la migraine est bientôt frénésie.
Il quitte enfin la ville, en tous lieux détesté.
De tous ses amis morts un seul ami resté,
Le mène en sa maison de superbe structure.
C'était un riche abbé, fou de l'architecture.
Le médecin d'abord semble né dans cet art,
Déjà de bâtimens parle comme Mansard ;
D'un salon qu'on élève il condamne la face ;
Au vestibule obscur il marque une autre place ;
Approuve l'escalier tourné d'autre façon.
Son ami le conçoit et mande son maçon.
Le maçon vient, écoute, approuve et se corrige.
Enfin, pour abréger un si plaisant prodige,
Notre assassin renonce à son art inhumain ;
Et désormais, la règle et l'équerre à la main,
Laissant de Galien la science suspecte,
De méchant médecin devient bon architecte.

LIBER QUARTUS.

FLORENTINA olim medicus vivebat in urbe;
Splendidus, ut perhibent, mendax, celeberrimus arte
Lethiferâ; clades qui solus publica longùm
Civibus incubuit. Patrem hinc pupillus ademptum,
Hinc frater fratrem extinctum plorare veneno:
Plenior hic sennâ, sine sanguine deperit alter:
Hujus ad aspectum, diram pleuritida rheuma
Induit, ardentem violenta gravedo phrenesim.
Tandem discedit nigro devotus Averno.
Unus amicorum communi à strage superstes,
Abbas dives opum, structuræ insanus amator,
In sua tecta vocat medicum, splendentia luxu
Atria regifico. Talem vir natus ad artem,
Jàm creptat ædificî leges, non æmulus impar
Mansardi: mora nulla, aliò, quod lucis egenum est,
Vestibulum transfert; frontem illius arguit œci,
Diversisque jubet gradibus consurgere scalas.
Mente capit monitus abbas; docilisque redemptor,
Ut venit, meliora videt, reprehensa reformat.
Ne longum faciam, jocularia scribere monstra
Ridiculus, diram sicarius abjicit artem
Suspecti Hippocratis, digitosque instructus amussi,
Cœmentum callet, qui non curaverat ægros,

Son exemple est pour nous un précepte excellent.
Soyez plutôt maçon, si c'est votre talent,
Ouvrier estimé dans un art nécessaire,
Qu'écrivain du commun, et poëte vulgaire.
Il est dans tout autre art des degrés différens;
On peut avec honneur remplir les seconds rangs :
Mais dans l'art dangereux de rimer et d'écrire,
Il n'est point de degrés du médiocre au pire:
Qui dit froid écrivain, dit détestable auteur.
Boyer est à Pinchêne égal pour le lecteur;
On ne lit guère plus Rampale et Ménardière,
Que Magnon, du Souhait, Corbin et la Morlière.
Un fou du moins fait rire, et peut nous égayer;
Mais un froid écrivain ne sait rien qu'ennuyer.
J'aime mieux Bergerac et sa burlesque audace,
Que ces vers où Motin se morfond et nous glace.

Ne vous enivrez point des éloges flatteurs,
Qu'un amas quelquefois de vains admirateurs
Vous donne en ces réduits, prompts à crier : Merveille.
Tel écrit récité se soutint à l'oreille,
Qui, dans l'impression au grand jour se montrant,
Ne soutient pas des yeux le regard pénétrant.
On sait de cent auteurs l'aventure tragique :
Et Gombaut tant loué garde encor la boutique.

Écoutez tout le monde, assidu consultant :
Un fat quelquefois ouvre un avis important.
Quelques vers toutefois qu'Apollon vous inspire,
En tous lieux aussitôt ne courez pas les lire.

Hoc medici exemplum vertamus in utile nobis
Consilium. Natus moliri tecta domorum,
Conde domos, operumque sciens, *quorum indiget usus*,
Ne mihi sordescas vulgari carmine vates.
Ars alia omnis habet discrimina mille, secundas
Non sine laude tenes; sed doctas pangere chartas,
Hoc opus, hic labor est : nunquàm mediocris ab imo
Discrepuit : friges? eris intolerabilis idem.
Tristia nil distant Pincheno scripta Boeri ;
Lector Morliaræ, Menardieroque negatur ;
Corbinus Suhatusque jacent; vos Rampale, Magno,
Despicimus. Risum saltem mihi sannio ludis
Moverit; auctor iners iterùmque iterùmque gravabit.
Mimica Bergeraci lunari audacia cursu
Valdiùs oblectat, quàm frigida Musa Motini.

Ne te decipiat mellitâ laude tumentem
Mirabunda cohors, vani gens prodiga plausûs.
Hæc vox una sonat secreta per atria : pulchrè.
Dùm carmen recitas, nequaquàm offenditur auris
Quod, si prœlum olim manifesti in luminis auras
Ediderit, subtile oculi *formidat acumen*.
Quis centum auctores, quis fata miserrima nescit?
Laudatumque tenet Gombaltum obscura taberna.
Assiduus scitare omnes consultor; ab ipso
Interdum poteris fatuo suadente juvari.
Quos tibi cumque tamen Pindi præsentia versus
Numina dictârint, ne circumferre legendos

Gardez-vous d'imiter ce rimeur furieux,
Qui, de ses vains écrits lecteur harmonieux,
Aborde en récitant quiconque le salue,
Et poursuit de ses vers les passans dans la rue.
Il n'est temple si saint des anges respecté,
Qui soit contre sa Muse un lieu de sûreté.

   Je vous l'ai déjà dit, aimez qu'on vous censure,
Et souple à la raison, corrigez sans murmure.
Mais ne vous rendez pas dès qu'un sot vous reprend.
   Souvent dans son orgueil un subtil ignorant
Par d'injustes dégoûts combat toute une pièce,
Blâme des plus beaux vers la noble hardiesse.
On a beau réfuter ses vains raisonnemens;
Son esprit se complaît dans ses faux jugemens;
Et sa faible raison, de clarté dépourvue,
Pense que rien n'échappe à sa débile vue.
Ses conseils sont à craindre; et, si vous les croyez,
Pensant fuir un écueil, souvent vous vous noyez.

   Faites choix d'un censeur solide et salutaire,
Que la raison conduise et le savoir éclaire,
Et dont le crayon sûr d'abord aille chercher
L'endroit que l'on sent faible et qu'on se veut cacher.
Lui seul éclaircira vos doutes ridicules;
De votre esprit tremblant levera les scrupules.
C'est lui qui vous dira par quel transport heureux,
Quelquefois dans sa course, un esprit vigoureux
Trop resserré par l'art, sort des règles prescrites,
Et de l'art même apprend à franchir leurs limites.

Acceleres, vati similis vesana furenti.
Ille autem dulci vanos ructatus hiatu
Versiculos, recitator adit per compita civem
Fortè salutantem, numeroque lacessit iniquo.
Quid? templum augustum, Superis venerabile templum
Nil prohibet, quin Musa viri pleno intonet ore.

  Hæc cape dicta iterùm : critici studiósus amici,
Vertere ne dubites mendum, sapiente magistro;
Sed caveas monitis, cùm te reprehendit ineptus.
  Non semel indoctum tricis subtilibus hirtum
Invenias, pulchri qui bile poematis artem
Immeritâ culpat, si quid feliciter audent,
Carmina. Nequicquam vana argumenta refellis :
Error habet mentem gratissimus; obsitus etsi
Cœcutit tenebris, se judice, Lyncea vincit.
Huic prudens diffide viro metuenda monenti,
Ne te vitantem scopulos voret *æquore vortex.*

  Adsit sana tibi gravitas censoris, honestæ
Qui rationis amans, ac splendens luce potentis
Doctrinæ, loca quamprimùm vitiosa sagaci
Expungat calamo, mala dissimulante poetâ.
Hic te suspensum formidine solvet inani;
Hic timidâ Musam tibi relligione levabit
Ancipitem. Disces generosâ ut nobile venâ
Ingenium liquidas pennis felicibus auras
Tranet, et impatiens frenari legibus artis,
Arte duce, haud dubitet positos transcendere fines.

Mais ce parfait censeur se trouve rarement.
Tel excelle à rimer qui juge sottement :
Tel s'est fait par ses vers distinguer dans la ville,
Qui jamais de Lucain n'a distingué Virgile.

Auteurs, prêtez l'oreille à mes instructions.
Voulez-vous faire aimer vos riches fictions ?
Qu'en savantes leçons votre muse fertile,
Partout joigne au plaisant le solide et l'utile.
Un lecteur sage fuit un vain amusement,
Et veut mettre à profit son divertissement.
Que votre âme et vos mœurs, peintes dans vos ouvrages,
N'offrent jamais de vous que de nobles images.
Je ne puis estimer ces dangereux auteurs,
Qui, de l'honneur en vers infâmes déserteurs,
Trahissant la vertu sur un papier coupable,
Aux yeux de leurs lecteurs rendent le vice aimable.
Je ne suis pas pourtant de ces tristes esprits
Qui, bannissant l'amour de tous chastes écrits,
D'un si riche ornement veulent priver la scène :
Traitent d'empoisonneurs et Rodrigue et Chimène.
L'amour le moins honnête exprimé chastement
N'excite point en nous de honteux mouvement.
Didon a beau gémir et m'étaler ses charmes ;
Je condamne sa faute en partageant ses larmes.

Un auteur vertueux, dans ses vers innocens,
Ne corrompt point le cœur en chatouillant les sens :
Son feu n'allume point de criminelle flamme.
Aimez donc la vertu, nourrissez-en votre âme :

ARS POETICA, LIBER IV.

Sed rarò licet hoc tanto censore fruamur.
Judicat absurdè modulari callidus auctor
Carmina: qui multo celebratur vatis honore,
Non pudet hunc magno tumidum conferre Maroni
Lucanum. Hoc tollas *dictum tibi*, scriptor: amentur
- Læta inventa cupis? Se misceat *utile dulci*,
Lectorem delectando pariterque monendo.
Ludicra nempè agitat sapiens *expertia frugis*,
Ni simul apponat potiori gaudia lucro.

Sic libris animum, ipse tuos sic exprime mores,
Ut tuus ingenuâ reddatur imagine candor.
Suspectum hunc merito contemptu, odiisque poetam
Urgeo, qui, sacri infamis desertor honesti,
Virtutem haud chartâ timet irridere procaci,
Quâ placeant vitia egregium mentita colorem.

Nulla tamen mihi tetricitas, ut carmine casto
Cedat amor, nudemque ornatu hoc divite scenam:
Non ego Rodericum, neque te, Chimœna, nocentem
Arguerim. Spiret castos lascivia versus,
Non dabit obscœni flagrare cupidinis æstu.
Induat et Veneris formam pulcherrima Dido,
Fata gemens: culpæ irascor, qui fletibus adsum.

Titillat teneros, intacto pectore, sensus,
Pura styli, rigidæ virtutis Musa satelles:
Ardeat ipsa, malis non fervidus ardeo flammis.
Ergò age, virtutem totâ mente intimus hauri:

En vain l'esprit est plein d'une noble vigueur ;
Le vers se sent toujours des bassesses du cœur.

   Fuyez surtout, fuyez ces basses jalousies,
Des vulgaires esprits malignes frénésies.
Un sublime écrivain n'en peut être infecté ;
C'est un vice qui suit la médiocrité.
Du mérite éclatant cette sombre rivale
Contre lui chez les grands incessamment cabale ;
Et, sur les pieds en vain tâchant de se hausser,
Pour s'égaler à lui cherche à le rabaisser.
Ne descendons jamais dans ces lâches intrigues :
N'allons point à l'honneur par de honteuses brigues.

   Que les vers ne soient pas votre éternel emploi.
Cultivez vos amis, soyez homme de foi.
C'est peu d'être agréable et charmant dans un livre ;
Il faut savoir encore et converser et vivre.

   Travaillez pour la gloire, et qu'un sordide gain
Ne soit jamais l'objet d'un illustre écrivain.
Je sais qu'un noble esprit peut, sans honte et sans crime,
Tirer de son travail un tribut légitime ;
Mais je ne puis souffrir ces auteurs renommés,
Qui, dégoûtés de gloire, et d'argent affamés,
Mettent leur Apollon aux gages d'un libraire,
Et font d'un art divin un métier mercenaire.

   Avant que la raison, s'expliquant par la voix,
Eût instruit les humains, eût enseigné des lois,
Tous les hommes suivaient la grossière nature,
Dispersés dans les bois couraient à la pâture ;

Nil prodest sublimi animo vis enthea; semper
Musam *affigit humo* repentem ignobile pectus.

   Hinc procul, hinc absit præsertim ignava phrenesis,
Invidia. Ista quidem mediocribus insita pestis
Non cadit in dignos excelso corde poetas.
Ingenio qui præstiterit generosior, olli
Invidus exitium molitur regis in aulâ
Assiduum, inque pedes nequicquam arrectus, iniquè
Elevat, æquiparet si qua non æmulus impar.
At nos haud illis pulchrum quæramus honorem
Artibus, indigni ad turpes descendere fraudes.

   Ne tibi scribendi labor unicus : ipse sodales,
Ipse fidem cole. Quid gratis aspergere libros
Profuerit salibus, facilis ni moribus æquis
Idem homines inter versari, ac vivere discas?

   Nunquam sordiduli, germanæ *laudis avarum*,
Tangat amor lucri præclaro nomine vatem.
Haud pudor, haud scelus est, si quandò nobile doctos
Juverit ingenium meritâ mercede labores :
Hunc verò indignor notum super æthera scriptis,
Qui, famæ infensus, sitit insatiabilis aurum,
Ac vinclis sacram astringit servilibus artem,
Bibliopolæ ausus venalem addicere Phœbum.

   Cùm nondum liquidæ floreret callida vocis
Doctrina, et nullis frænaret legibus orbem,
Mortales primi, duro gens aspera cultu,
Quærebant victum, silvis hinc indè vagantes;

La force tenait lieu de droit et d'équité ;
Le meurtre s'exerçait avec impunité.
Mais du discours enfin l'harmonieuse adresse,
De ces sauvages mœurs adoucit la rudesse,
Rassembla les humains dans les forêts épars,
Enferma les cités de murs et de remparts,
De l'aspect du supplice effraya l'insolence,
Et sous l'appui des lois mit la faible innocence.
Cet ordre fut, dit-on, le fruit des premiers vers.
De-là sont nés ces bruits reçus dans l'univers,
Qu'aux accens, dont Orphée emplit les monts de Thrace,
Les tigres amollis dépouillaient leur audace ;
Qu'aux accords d'Amphion les pierres se mouvaient,
Et sur les murs thébains en ordre s'élevaient.
L'harmonie en naissant produisit ces miracles.
Depuis, le ciel en vers fit parler les oracles ;
Du sein d'un prêtre, ému d'une divine horreur,
Apollon par des vers exhala sa fureur.
Bientôt, ressuscitant les héros des vieux âges,
Homère aux grands exploits anima les courages.
Hésiode à son tour, par d'utiles leçons,
Des champs trop paresseux vint hâter les moissons.
En mille écrits fameux la sagesse tracée
Fut, à l'aide des vers, aux mortels annoncée ;
Et partout des esprits ses préceptes vainqueurs,
Introduits par l'oreille, entrèrent dans les cœurs.
Pour tant d'heureux bienfaits les Muses révérées
Furent d'un juste encens dans la Grèce honorées ;

Tunc demens pro legitimo vis jure; frequenti
Tunc impunè manus miserorum cæde rubebant.
Sed tandem felix numerosæ gratia linguæ,
Agrestûm positâ morum feritate, coegit
Saltibus errantes populos, circumdedit urbes
Mœnibus, et virtus præsenti lege quievit,
Extimuitque minor sævas audacia pœnas.
His ita compositis, versus valuêre priores,
Famæ si qua fides, totum quæ pervolat orbem.
Dictus ob hoc, montes dùm cantibus Orpheus implet
Threicios, *lenire tigres, rabidosque leones;*
Dicti Amphioniâ lapides testudine moti,
Sponte suâ in numerum Thebanam educere turrim.
Talia cùm nascens miracula Musa tulisset,
Fatidico Superi cecinêre oracula vatæ;
Pontificis domitans divino corda tumultu,
Carminibus sacrum spiravit Apollo furorem.
Mox etiam priscos revocans heroas Homerus
Illustres animos ad martia prælia versu
Movit, et Ascræus tardum felicibus arvum
Præceptis reparans senior, properare coegit
Fœcundas segetes. Hinc non sine carmine blando,
Mortales adiit doctis sapientia libris,
Aureque permulsâ, cepit quoque pectora victrix.
Solverunt dignas tanto pro munere grates
Inachidæ, merito venerati thure Camœnas;

Et leur art, attirant le culte des mortels,
A sa gloire en cent lieux vit dresser des autels.
Mais enfin l'indigence amenant la bassesse,
Le Parnasse oublia sa première noblesse.
Un vil amour du gain, infectant les esprits,
De mensonges grossiers souilla tous les écrits ;
Et partout, enfantant mille ouvrages frivoles,
Trafiqua du discours et vendit les paroles.

   Ne vous flétrissez point par un vice si bas.
Si l'or seul a pour vous d'invincibles appas,
Fuyez ces lieux charmans qu'arrose le Permesse :
Ce n'est point sur ses bords qu'habite la richesse.
Aux plus savans auteurs, comme aux plus grands guerriers,
Apollon ne promet qu'un nom et des lauriers.

   Mais quoi ! dans la disette une Muse affamée
Ne peut pas, dira-t-on, subsister de fumée ;
Un auteur qui, pressé d'un besoin importun,
Le soir entend crier ses entrailles à jeun,
Goûte peu d'Hélicon les douces promenades :
Horace a bu son soûl quand il voit les Ménades :
Et, libre du souci qui trouble Colletet,
N'attends pas pour dîner le succès d'un sonnet.

   Il est vrai : mais enfin cette affreuse disgrâce
Rarement parmi nous afflige le Parnasse.
Eh que craindre en ce siècle, où toujours les beaux-arts
D'un astre favorable éprouvent les regards :
Où d'un prince éclairé la sage prévoyance,
Fait partout au mérite ignorer l'indigence ?

Milléque per memores divino altaria cultu
Surgebant populos. At ubi contagia tandem
Pauperies secum invexit, jàm nobile Pindus
Dedidicit sentire, animosque infamia lucri
Corrupit; scriptis mendacia mille professis,
Contulit in quæstum vocemque modosque poeta.

Ne te degenerem ante alias turpissima pestis
Inficiat. Miseris si vinceris unius auri
Illecebris, procul hinc, procul: à Permessidos undâ
Plutus, et Aoniæ ridentibus exulat oris.
Qui vel carminibus, vel claris floruit armis,
Hunc famâ, hunc lauro tantùm donabit Apollo.
  Quid verò! ille auctor, quem tristis vexat egestas,
Objicis, esuriens fumo vescetur inani?
Qui, cùm sæva diù vacui jejunia ventris
Sollicitant *stomachum*, serâ sub nocte, *latrantem*,
Nequaquam aonio blandis in vertice Musis
Colludit: *Satur est* Flaccus, cùm Thyada cantat,
Colleteto absimilis, qui, curâ exercitus atrâ,
Prandiolum sperat partâ mercede *Soneti*.
  Haud equidem vera abnuerim: at durissima demùm
Quàm non sæpè urget nostros penuria vates!
Ecquis pauperiem timeat, cùm sidus amicum
Intuitu Musarum artes beat usque potenti?
Cùm doctos, latus quà panditur orbis, egere
Provida magnanimi vetuit sapientia Regis.

Muses, dictez sa gloire à tous vos nourrissons :
Son nom vaut mieux pour eux que toutes vos leçons.
Que Corneille, pour lui rallumant son audace,
Soit encor le Corneille et du Cid et d'Horace :
Que Racine, enfantant des miracles nouveaux,
De ses héros sur lui forme tous les tableaux :
Que de son nom chanté par la bouche des belles,
Benserade en tous lieux amuse les ruelles :
Que Ségrais dans l'Églogue en charme les forêts,
Que pour lui l'Épigramme aiguise tous ses traits.
Mais quel heureux auteur, dans une autre Énéide,
Aux bords du Rhin tremblant conduira cet Alcide?
Quelle savante lyre, au bruit de ses exploits,
Fera marcher encor les rochers et les bois ;
Chantera le Batave, éperdu dans l'orage,
Soi-même se noyant pour sortir du naufrage ;
Dira les bataillons sous Mastricht enterrés,
Dans ces affreux assauts du soleil éclairés?

Mais tandis que je parle, une gloire nouvelle
Vers ce vainqueur rapide aux Alpes vous appelle.
Déjà Dôle et Salins sous le joug ont ployé :
Besançon fume encor sur son roc foudroyé.
Où sont ces grands guerriers, dont les fatales ligues
Devaient à ce torrent opposer tant de digues?
Est-ce encore en fuyant qu'ils pensent l'arrêter,
Fiers du honteux honneur d'avoir su l'éviter?
Que de remparts détruits ! que de villes forcées !
Que de moissons de gloire en courant amassées !

Gloria, Pierides, Magni celebranda poetis,
Quotquot erunt, melior præcepto gloria vestro.
Olli Musæ iterùm sopitos suscitet ignes
Altus adhuc Ciddi, Cornelius altus Horati:
Olli magnarum reparans miracula rerum
Racinius, scenam haud aliis heroibus ornet:
Secessu in molli, Regem resonare puellas
Benseradus doceat, doceat nemus Ecloga Regem
Segrasii, Regique arguta Epigrammata ludant.
Quis verò ille novæ felix Æneidos auctor
Hunc aget Alcidem trepidantis ad ostia Rheni?
Quæ lyra sublimi tantos celebrare triumphos
Digna sono, trahet et scopulos *silvasque sequentes?*
Quis dicet Batavos immani gurgite mersos
Sponte suâ, si quâ possint reparare salutem,
Illave Trajecto ad Mosam tumulata sub alto
Agmina, dùm pugnas medio sub sole lacessunt.

Ecce autem rapidos summas nova cogit ad Alpes
Gloria victoris cursus urgere superbi.
Colla jugo jàm Dola dedit, jàm colla Salinum:
Fractâ rupe super fumat Vesuntio telis
Fulmineis. Quid mille duces valuêre? Quid omnes
Conjuratæ acies tantam hanc perrumpere molem
Objicibus? Certantne fugâ nostra arma morari,
Quos manet indecoris Magnum vitâsse triumphus?
Quot versis captas miramur mœnibus urbes!
Quot peperit cursim egregias victoria lauros!

Auteurs, pour les chanter, redoublez vos transports :
Le sujet ne veut pas de vulgaires efforts.

Pour moi, qui jusqu'ici nourri dans la Satire,
N'ose encor manier la trompette et la lyre,
Vous me verrez pourtant dans ce champ glorieux,
Vous animer du moins de la voix et des yeux ;
Vous offrir ces leçons que ma Muse au Parnasse
Rapporta, jeune encor, du commerce d'Horace ;
Seconder votre ardeur, échauffer vos esprits,
Et vous montrer de loin la couronne et le prix.
Mais aussi pardonnez, si, plein de ce beau zèle,
De tous vos pas fameux observateur fidèle,
Quelquefois du bon or je sépare le faux,
Et des auteurs grossiers j'attaque les défauts :
Censeur un peu fâcheux, mais souvent nécessaire,
Plus enclin à blâmer, que savant à bien faire.

FIN.

Nunc animis opus, ô Vates: bella, inclyta bella
Grandisonæ poscunt sublimia carmina Musæ.

Ast ego qui, Satyræ numeris assuetus acutis,
Nondum terribilesve tubas, citharamve sonantem
Increpui, à mediâ saltem spectator arenâ
Prosequar illustres oculis et voce palæstras;
Hæc præcepta feram, quæ, docto in vertice Pindi,
Facundus juveni descripsit Flaccus alumno;
Atque addens animis stimulos et nobile calcar,
Proponam laurum, victricis præmia frontis.
Sed veniæ hoc posco, ne succensere velitis,
Si, dùm pierio miscetis grandia Marte
Prælia, Musarum studio succensus amico,
Cautiùs observem *quid distent æra lupinis*,
Quid peccent rudium malè nata poemata vatum:
Tetricus exactor veri, nec inutilis, idem
Propior irasci, quàm scribere carmina felix.

FINIS.

CHEZ LE MÊME LIBRAIRE.

Anthologie poétique latine, ou *Collection de Morceaux de poésie latine*, choisis et tirés des poëtes modernes les plus estimés, *avec les matières de vers, les corrigés en regard, et la traduction au bas;* par M. Thévenot, *à l'usage de MM. les Professeurs, Paris.* 2 vol. *in-8°.*

Bibliotheca Rhetorum, *ou* Choix de Compositions latines, en prose et en vers, etc.; par le P. Le Jay, nouvelle édition, revue et corrigée par M. Amar, *Paris,* trois gros vol. *in-8°.*

Le troisième volume, de plus de 800 pages, se vend séparément, pour les personnes qui ont les deux premiers.

Études de l'Énéide de Virgile, par M. Paillet, *Paris, in-12.*

Flores Latinæ locutionis (*qui plerique omnes in vocabulorum indicibus non inveniuntur*) *ex probatissimis scriptoribus selecti et gallicè redditi.* Auctore P. L. Ossude, *Paris, in-12.*

Flos Latinitatis, ex auctorum latinæ linguæ principum monumentis excerptus, etc., auctore P. F. P. è societate Jesu; nova editio, accuratissimè recognita, ab uno è Professoribus Academiæ Parisiensis, *Paris, in-12.*